Annette Breaux / Todd Whitaker

Schülerverhalten verbessern

Lernumgebung verändern – leichter unterrichten

Aus dem Englischen von Richard Barth

Annette Breaux hat viele Jahre als Lehrerin gearbeitet und das Programm FIRST für angehende Lehrer in ganz Louisiana entwickelt. Derzeit koordiniert sie die Lehrerausbildung an der Nicholls State University in Thibodaux, Louisiana.
Dr. Todd Whitaker ist nach vielen Jahren Berufspraxis als Lehrer und Schulleiter heute Professor an der Indiana State University in Terre Haute, Indiana. Zahlreiche Publikationen und eine rege Vortragstätigkeit machen ihn zu einem der gefragtesten Experten auf dem Gebiet der praktischen Schulpädagogik.

Titel der amerikanischen Originalausgabe:
50 ways to improve student behavior: simple solutions to complex challenges
Veröffentlicht von: Eye On Education, 6 Depot Way West, Suite 106, Larchmont, N.Y. 10538, USA
Copyright © 2010 Eye On Education Inc. All rights reserved.

Lektorat: Michael Kühlen

© 2012 Beltz Verlag · Weinheim und Basel
www.beltz.de
Herstellung: Sarah Veith
Druck: Beltz Druckpartner GmbH & Co. KG, Hemsbach
Umschlaggestaltung: glas ag, Seeheim-Jugenheim
Umschlagabbildungen: Fotolia, New York
Printed in Germany

ISBN 978-3-407-62745-2

Inhalt

5

Wie dieses Buch Ihnen helfen kann

[handschriftliche Notizen:]
Denken in Alternativen
Haltung / Denkanstöße
UB-Seminar: Keine Rezepte
Ergebnisoffenheit
Wirkungsunsicherheit
passend zu Person & Situation — nur Ideen / Anregungen

Sie wollen ein besserer Lehrer werden? Sie wollen, dass Ihre Schüler disziplinierter sind und mehr lernen? Sie wünschen sich weniger Stress in Ihrem Leben? Einen effektiveren und effizienteren Unterricht? Ausgeglichenere und motiviertere Schüler? Dann sollten Sie dieses Buch lesen!

Im Mittelpunkt dieses Buches stehen Sie, die Lehrerin, und Sie, der Lehrer. Das Buch wendet sich an Lehrer aller Altersstufen, unabhängig von Geschlecht, kulturellem Hintergrund und sozialer Herkunft der Schüler. Es geht in diesem Buch nicht darum, Sie zu einem perfekten Lehrer zu machen. Den perfekten Lehrer gibt es nicht. Ebenso wenig wollen wir Ihnen dabei helfen, perfekte Schüler zu formen. Perfekte Schüler gibt es nicht. Unser Ziel ist vielmehr, Ihnen Rezepte an die Hand zu geben, um die Disziplin Ihrer Schüler zu verbessern, nicht zu perfektionieren. Das hat einen wichtigen Nebeneffekt: **Je disziplinierter die Schüler sind, desto mehr lernen sie.** Wir wollen Ihnen also zu disziplinierteren Schülern und einem effektiveren Unterricht verhelfen. Wenn Sie unsere Ideen umsetzen, werden Sie bald feststellen, dass Sie ein viel besserer Lehrer werden.

Wir sind der Überzeugung, dass Sie ein möglichst guter Lehrer sein wollen, ein Lehrer, der im Leben seiner Schüler bleibende Spuren hinterlässt. Wir glauben, dass Sie, als jemand, der sich Lehrer nennt, willens und fähig sind, bei Ihren Schüler einen nachhaltigen Eindruck zu hinterlassen.

Wenn Sie also ein besserer Lehrer werden wollen, dessen Schüler disziplinierter sind und dann auch mehr lernen – lesen Sie weiter!

Vorwort

»Wenn sich bloß die Eltern mehr kümmern würden! Wenn nur der Schulleiter etwas gegen die Disziplinlosigkeit der Schüler unternehmen würde! Wenn nur der Lehrer, der die Klasse vor mir hat, sie nicht so ärgern würde, dass sie nicht mehr zu bändigen sind!« Kommen Ihnen solche Sätze irgendwie bekannt vor? Man hört sie oft, und vielleicht ertappen Sie sich selbst manchmal dabei, so etwas zu sagen.

Eines ist allen solchen Sätzen gemeinsam: Es geht um Dinge, an denen wir nichts ändern können. Ob wir nun glauben, dass die Eltern unsere Schüler nicht richtig erziehen, dass unser Schulleiter zu wenig tut oder dass unsere Kollegen unfähig sind – **all das steht nicht in unserer Macht.**

In diesem Buch geht es um einfache Strategien, mit deren Hilfe Sie Einfluss auf etwas nehmen können, was sehr wohl in Ihrer Macht steht: auf das, was sich tagtäglich innerhalb der vier Wände Ihres Klassenzimmers abspielt. Unabhängig von äußeren Einflüssen, vom Elternhaus und von dem, was der Schulleiter tut oder nicht tut – die Kontrolle über das, was in seinem Klassenzimmer geschieht, hat der Lehrer.

Aber warum können Schüler nicht einfach tun, was man ihnen sagt? Wir unterrichten Kinder, und Kinder legen eben kindliches Verhalten an den Tag. Sie wägen ihre Entscheidungen nicht ab wie ein Erwachsener. Sie tun nicht immer, was richtig und gut für sie ist. Sie testen gern unsere Grenzen aus. Und in aller Regel sind sie wenig geübt in Selbstdisziplin und nicht von sich aus motiviert. Deshalb brauchen sie uns!

Bei einem Vortrag vor einer Gruppe von Lehrern meldete sich eine Lehrerin zu Wort: »Also, was Sie da erzählen, ist ja alles gut und schön, und vielleicht funktionieren Ihre Ideen bei manchen Schülern auch. Aber Sie haben ja keine Ahnung, womit ich mich tagtäglich herumschlage: Ich habe *null* Unterstützung von den Eltern, und es ist ein Ding der Unmöglichkeit, diese Schüler zu unterrichten, wenn ihre Eltern nicht hinter mir stehen.« Der Vortragende antwortete mit einer schlichten Gegenfrage: »Mit anderen Worten: Wenn morgen gegenüber von dieser Schule ein Waisenhaus eröffnen würde, könnten Sie diese Kinder nicht unterrichten?« Da wurde es auf einmal ganz still im Publikum, und auch die Lehrerin wusste nichts mehr zu sagen.

Natürlich könnte man auch diese Kinder unterrichten. Würden andere Probleme auftauchen als bei Schülern, die bei ihren Eltern aufwachsen? Gut möglich. Das heißt jedoch nicht, dass man sie nicht erreichen und unterrichten könnte. So wie man den Gipfel eines Berges erst erklimmen muss, ehe man die Aussicht genießen kann, oder wie man an einem Urlaubsort zunächst ankommen muss, bevor man sich die Sehenswürdigkeiten anschauen kann, **so muss man einen Schüler zunächst erreichen, ehe man ihm etwas beibringen kann.** Jeder Schüler hat seine individuellen Probleme und Träume, seine Stärken und Schwächen, seine Fähigkeiten und Defizite. Aber wir glauben, dass *jedes* Kind etwas Besonderes ist. Jedes Kind hat eine Chance verdient – und danach eine zweite, eine dritte und eine vierte. **Jeder Schüler hat einen Lehrer verdient, der an ihn glaubt.** Wenn Sie dieses Buch lesen, davon sind wir überzeugt, dann sind Sie dieser Lehrer.

Willkommens-/
Abschiedsrituale

1

Herzlich willkommen

① Frage der Haltung (≠ nicht Schauspielern)

Morgenritual nichts,
aber nicht diesem Buch!

Denkanstoß → *Willkommen heißen.*
Wie werde Schüler/Eltern begrüßt?

»Wenn ich in Rente gehe, werde ich ›Grüßer‹ bei Wal-Mart.« In Amerika hört man diesen Satz oft von Lehrern. Und das liegt jetzt nicht unbedingt daran, dass dort die Pensionen so niedrig sind, dass Lehrer im Ruhestand verzweifelt jeden schlecht bezahlten Job annehmen müssten, um über die Runden zu kommen.

Große Supermärkte wie Wal-Mart stellen ja eigens Mitarbeiter ein, die so tun, als würden sie sich freuen, wenn Sie den Laden betreten, und Sie freundlich begrüßen, obwohl sie Sie gar nicht kennen. In ihrem Ruhestand hätten Lehrer aus zwei Gründen gern diesen Job: Erstens sehen die Leute vom Begrüßungskomitee bei Wal-Mart glücklich aus, und zweitens scheint es ein völlig stressfreier Job zu sein. Wer hätte nicht gern einen stressfreien Job, der glücklich macht?

Aber warum bezahlt Wal-Mart Leute dafür, die Kunden zu begrüßen? Wal-Mart leistet sich diesen »Luxus« einfach deshalb, weil **fröhliche Kunden sich willkommen fühlen, mehr kaufen und häufiger wiederkommen.** So einfach ist das. Und das ist auch der Grund, weshalb Sie begrüßt werden, sooft sie ein Restaurant, ein Flugzeug oder ein Geschäft betreten, in dem man es nicht dem Zufall überlassen will, dass die Kunden zufrieden sind und das Gefühl haben, willkommen zu sein.

Könnte man diese Idee nicht auch auf Schüler übertragen? Sollten nicht auch wir uns darum bemühen, dass unsere Schüler (unsere Kunden) das Gefühl haben, willkommen zu sein, wenn sie zu uns

13

ins Klassenzimmer kommen? Wollen nicht auch wir, dass sie uns »abkaufen«, was wir für sie im »Angebot« haben? Wollen nicht auch wir, dass sie gern wiederkommen? Die Antwort auf all diese Fragen lautet: Ja!

Lösungen und Strategien für Ihren Unterricht

Übertragen wir diese simple Strategie also auf den Unterricht. Die meisten Lehrer behaupten, sie würden ihre Schüler jeden Tag begrüßen. Aus Unterrichtsbeobachtungen wissen wir, dass die Praxis oftmals anders aussieht. Zuerst sollten wir daher klarstellen, was wir nicht unter »begrüßen« verstehen. Manche Lehrer stehen vor Unterrichtsbeginn an der Tür und sagen zu den ankommenden Schülern Sätze wie: »Beeilt euch! Euer Arbeitsauftrag steht schon an der Tafel. Fangt sofort an, wenn ihr auf urem Platz sitzt. Schnell! Nicht so lahm, gleich klingelt's.«

Das, liebe Kolleginnen und Kollegen, ist für uns kein Begrüßen. Das ist eher so, als würde man sagen: »Willkommen in meiner Folterkammer!« Wird ein Schüler derart unfreundlich empfangen und ins Klassenzimmer gescheucht, so wird bei ihm kaum das Gefühl aufkeimen, in Ihrem Klassenzimmer willkommen zu sein. Schüler, die sich unwillkommen fühlen? Ein sicheres Rezept für Disziplinprobleme! Dabei hat der Unterricht noch gar nicht angefangen. Aber der Grundstein ist gelegt, und die Schüler wetzen schon die Krallen.

Schauen wir uns jetzt an, wie eine richtige Begrüßung aussieht. Die besten Lehrer, die nie Probleme mit undisziplinierten Schülern zu haben scheinen, machen sich die gleiche simple Strategie zunutze wie Wal-Mart: Wenn der Lehrer den Schülern jeden Tag das Gefühl vermittelt, dass er sich freut, sie zu sehen und in seiner Klasse zu haben, werden die Schüler ihm sehr viel eher »abkaufen«, was er für sie im »Angebot« hat, und werden mit einer ganz anderen Einstellung in die nächste und übernächste Stunde kommen!

Hier ein paar einfache Tipps für die tägliche Begrüßung. Sie müssen das Rad ja nicht neu erfinden. Machen Sie es einfach wie die erfolgreichsten Lehrer. Nehmen Sie Ihre Schüler einfach jeden Tag an der Tür in Empfang und sagen Sie Sätze wie: »Hallo, wie geht's?

Danke, dass du pünktlich kommst. Schöner Pullover. Dein neuer Haarschnitt gefällt mir. Schön, dass du wieder da bist, Jason. Wir haben dich gestern vermisst!« Vielleicht haben Sie gestern Abend gebetet, dass Jason nie wieder auftauchen wird, aber das Entscheidende ist, dass Jason nichts davon erfährt. Wenn er glaubt, dass Sie sich freuen, ihn zu sehen, wird er sich im Unterricht viel besser benehmen.

[Randnotiz: Authenti-/Ehrlich-keit!]

Die Wahrheit ist: In einem Klassenzimmer, in dem sie sich willkommen und wertgeschätzt fühlen, werden Schüler sich sehr viel seltener danebenbenehmen. Kaum zu glauben, dass eine kleine »Begrüßung« eine so große Wirkung haben und so viele Probleme lösen kann! Aber es stimmt: **Wenn Sie Ihre Schüler regelmäßig jeden Tag grüßen, werden Sie in kürzester Zeit sehr viel weniger Disziplinprobleme haben.** Wer das nicht glaubt, hat es offenbar nie ausprobiert.

[Randnotiz: + Mani-pulation]

[Handschrift: falsches Schülerbild]

Wenn Sie ein Lehrer sind, der eine eher negative Haltung hat und seine Schüler normalerweise nicht mit einem Lächeln begrüßt, werden Ihre Schüler natürlich anfangs etwas verwirrt sein. Sie werden Ihre Schüler öfter als einmal freundlich begrüßen müssen, wenn Sie sie davon überzeugen wollen, dass Sie ein »neuer Mensch« geworden sind. Bleiben Sie konsequent! Sie werden sehen, die Mühe lohnt sich.

Könnte es sein, dass Ihre »Begrüßung« ein wenig unecht wirkt? Gut möglich. Sind Sie wirklich so wahnsinnig froh, alle Ihre Schüler jeden Tag zu sehen? Vermutlich nicht. Aber vergessen Sie nicht, dass Lehrer gute Schauspieler sein müssen. Schließlich ist auch der Grüßonkel bei Wal-Mart nicht gerade aus dem Häuschen, Sie zu sehen. Der Flugbegleiter ist vielleicht einfach nur müde und hofft auf ein möglichst leeres Flugzeug. Und jetzt kommen Sie an, noch ein Passagier!

[Randnotiz: NEIN!]

Sie sollten jedoch nie erfahren, dass die überschwängliche Begrüßung ein bisschen gespielt war. Sie haben es verdient, sich willkommen und wertgeschätzt zu fühlen. Geben Sie auch Ihren Schülern dieses Gefühl – jeden Tag! Auch wenn Sie sich anfangs ein wenig zwingen müssen. Sie werden sehr schnell feststellen: Je mehr Sie sich zwingen, desto glücklicher werden sie tatsächlich sein, und Ihre Begrüßung wird weniger gespielt sein. Wenn das mal kein positiver Nebeneffekt ist!

[Handschrift: Menschen möchten gesehen werden!]

[Handschrift: Ideal: Schüler spiegelt es, werden auch freundlich]

Übrigens kostet es Sie keinen Cent extra, Ihre Schüler <u>auch zu ver-abschieden,</u> wenn sie das Klassenzimmer verlassen. Wenn sie gut gelaunt kommen und gehen, wird sich das positiv auf die Disziplin der Schüler auswirken.

Quintessenz

Wenn Sie möchten, dass Ihre Schüler *gern* in Ihren Unterricht kommen, müssen Sie sie davon überzeugen, dass Sie sich über *ihr* Kommen freuen. Vielleicht gibt ja ein schlichtes »Hallo« von Ihnen dem Tag eines Schülers eine ganz andere Richtung!

gute Idee!

2 Vorstellungspost

1. Lehrer an Eltern
2. Lehrer an Schüler

= Art der Prävention

Denkanstoß

Stellen Sie sich vor, Sie wären die Mutter bzw. der Vater eines Schulkindes und würden in den Sommerferien einen Brief von der zukünftigen Lehrerin Ihres Kindes bekommen, in dem sie sich kurz vorstellt, ihre Ziele und ihre Vorstellungen von gutem Unterricht erklärt und ihrer Freude darüber Ausdruck gibt, Ihren kleinen Engel unterrichten zu dürfen.

Stellen Sie sich vor, Sie wären ein Schulkind und Ihre Lehrerin im nächsten Schuljahr würde Ihnen in einem Brief erzählen, wie froh sie ist, dass Sie in ihrer Klasse sein werden und wie sehr sie sich darauf freut, Sie kennenzulernen und zu unterrichten.

Überlegen Sie mal, wie viele derartige Briefe Sie in Ihrem Leben bekommen haben, sei es als Elternteil oder Schüler. Allzu viele werden es sicher nicht gewesen sein. Dabei sollte man folgende Punkte nicht aus dem Auge verlieren:

Folge

- Eltern wollen ihre Kinder in den Händen von kompetenten, engagierten, vertrauenswürdigen Lehrern wissen.
- Kinder haben gern die Gewissheit, dass ihre Lehrer sie gern unterrichten und sich freuen, dass sie in ihrer Klasse sind.
- Wenn Eltern das Gefühl haben, dass ihre Kinder bei Ihnen in guten Händen sind, werden sie viel besser mit Ihnen zusammenarbeiten.
- Kinder, die sich bei ihren Lehrern gut aufgehoben fühlen, werden sich im Unterricht seltener danebenbenehmen als Kinder, bei denen das nicht der Fall ist.

Das sind keine bahnbrechenden Erkenntnisse. Vielmehr liegt all das in der Natur des Menschen. Nutzen wir also unser Wissen über die Natur des Menschen, um bei unseren Schülern die Disziplin zu fördern.

3x Werner Baue
Anerkennung Ernährung
Wertschätzung

Lösungen und Strategien für Ihren Unterricht

Eine einfache Strategie, um für gutes Schülerverhalten zu sorgen, besteht darin, Schülern und Eltern vor dem ersten Schultag kleine Briefe zu schicken. Sobald Ihnen die Klassenlisten vorliegen, sollten Sie zwei kurze Nachrichten verfassen – eine an die Eltern und eine an die Schüler. Hier je ein Muster:

Sehr geehrte(r) Herr / Frau _____ ,

ich heiße _____ . Ich freue mich sehr darüber, dieses Schuljahr Ihr Kind unterrichten zu dürfen. In diesem Schuljahr liegen eine ganze Reihe spannender Themen vor uns ... (erwähnen Sie im Folgenden einige Lernziele.) Ich verspreche Ihnen, dass ich mein Bestes tun werde, damit Ihr Sohn / Ihre Tochter das Schuljahr erfolgreich abschließt und seine / ihre Möglichkeiten voll ausschöpft. Wenn Sie Fragen haben oder ich irgendetwas für Sie tun kann, können Sie mich erreichen unter _____ (Telefonnummer der Schule).
Ich freue mich auf die Zusammenarbeit mit Ihnen und Ihrem Sohn / Ihrer Tochter.

Mit freundlichen Grüßen

_____

Liebe(r) _____ ,

ich heiße Herr/Frau _____ und bin in diesem Schuljahr Dein(e)
Lehrer(in). Ich freue mich sehr, dass Du in meiner Klasse bist und dass wir uns
bald kennenlernen werden. Du kannst Dich darauf verlassen, dass ich alles
dafür tun werde, damit es Dein bestes und erfolgreichstes Schuljahr werden
wird.
Schön, dass Du in meiner Klasse bist. Auf ein tolles Schuljahr!

Mit freundlichen Grüßen

_____

hier auch Kleines!

Quintessenz

Indem Sie sich Zeit nehmen, solche Briefe zu schreiben, schaffen Sie
die Grundlage für einen guten Start ins neue Schuljahr und für ein
gutes Verhältnis zu den Eltern Ihrer Schüler. Sie können ja Ihren
Schulleiter bitten, das Porto zu übernehmen. Falls das nicht möglich
ist, dann stecken Sie beide Briefe in einen Umschlag. Und wenn auch
das noch zu teuer ist, dann geben Sie die Briefe Ihren Schülern am
ersten Schultag mit. Ein einfacher Brief am Schuljahresanfang kann
Ihnen ein ganzes Schuljahr lang manches Disziplinproblem ersparen – unabhängig vom Alter der Schüler!

Briefe müssen individuell gestaltet sein

auch Email oder Postkarte

Was passt?

Bild
Kontakt
Motivations satz

19

3

Tipps für Regeln und Arbeitsabläufe

[handschriftliche Notiz: nat. Autorität wichtig, nicht hoffen dass Schüler eine Kraft Autes akzeptieren / Nachvollzieh- bereit wichtig Weil ich den Mann lieb im (unverständlich)]

Denkanstoß

Entgegen landläufiger Ansicht liegt die größte Schwierigkeit beim Unterrichten nicht in einem Mangel an Gehorsam aufseiten der Schüler, sondern in einem <u>Mangel an klar definierten, konsequent umgesetzten Regeln und Arbeitsabläufen</u> aufseiten des Lehrers. Das bedeutet nicht, dass Lehrer mit klar definierten Regeln und Arbeitsabläufen keine Schwierigkeiten in Sachen Schülerverhalten hätten. Aber Lehrer mit eindeutigen Regeln und Arbeitsabläufen haben sehr viel weniger Schwierigkeiten in diesem Bereich als ihre Kollegen, die in puncto Regeln und Arbeitsabläufe inkonsequent sind.

Auch die besten Lehrer werden von ihren Schülern herausgefordert, aber sie haben selten echte Disziplin*probleme*. Die besten Lehrer wissen es zu verhindern, dass sich kleinere Schwierigkeiten zu handfesten Problemen auswachsen. Das Geheimnis dieser Lehrer? Klar definierte und konsequent umgesetzte Regeln und Arbeitsabläufe!

[handschriftliche Notiz: eigene Überzeugung + Wertebasis!]

Wir begegnen immer wieder Lehrern, die den **Unterschied zwischen einer Regel und einem Arbeitsablauf** nicht kennen. Daher zum besseren Verständnis eine kurze Erläuterung:

- Eine Regel betrifft ein schwerwiegendes Fehlverhalten. Wird eine Regel verletzt, so muss jedes Mal eine Sanktion die Folge sein.
- Ein Arbeitsablauf ist ein Verfahren, wie etwas in Ihrem Unterricht ablaufen soll – jedes Mal und immer gleich.
- Verletzt ein Schüler eine Regel, so wird er dafür bestraft oder sanktioniert.

- Hält ein Schüler sich nicht an den vorgesehenen Arbeitsablauf, so üben Sie einfach den Arbeitsablauf mit ihm. *nachfrage*
- Sie sollten auf keinen Fall mehr als fünf Regeln aufstellen.
- Sie sollten viele Arbeitsabläufe einüben.
- Ein Beispiel für eine Regel (die, wie gesagt, bei schwerwiegendem Fehlverhalten greift) ist: »Wir lösen Konflikte ohne Gewalt.« Wird eine Regel verletzt, so folgt die Sanktion auf dem Fuße, und die Schüler wissen das auch. *Ernstfall herstellen*
- Beispiele für Arbeitsabläufe sind: Was muss ich tun, wenn ich als Schüler eine Frage habe? Was mache ich, wenn ich zur Toilette gehen muss? Wie teilen wir uns in Gruppen ein? Wie bauen wir Tische und Stühle für Gruppenarbeit um?

It's okay to be angry, not to be cruel u.s.w.

Problematisch wird es immer dann, wenn Lehrer Regeln und Arbeitsabläufe miteinander verwechseln. Sie stellen Regeln auf wie: »Ich rede nur dann, wenn ich aufgerufen werde.« Aber Schwätzen ist kein wirklich schwerwiegendes Fehlverhalten. Schwätzen ist nervig, ja, aber schwerwiegend? Nein.

Also sollte eine entsprechende Anweisung in die Kategorie »Arbeitsabläufe« aufgenommen werden. Sie könnte etwa lauten: »Wenn ich etwas sagen will, melde ich mich und warte, bis ich aufgerufen werde.« Was also tun Sie, wenn ein Schüler redet, ohne dass Sie ihn aufgerufen haben? Sie erinnern ihn einfach an den Arbeitsablauf, und wenn es nötig sein sollte, üben Sie ihn noch einmal. (In Kapitel 19 kommen wir zu der Frage, was im Fall chronischer Schwätzer zu tun ist, die von Ihren kleinen Ermahnungen unbeeindruckt bleiben.) *+ peer group einbinden*

Im Grunde ist es ganz einfach: Wenn Ihre Schüler einen Arbeitsablauf vergessen, üben Sie ihn noch einmal. Wenn sie eine Regel verletzen, verhängen Sie die vorher festgelegte Sanktion. Das ist alles.

Lösungen und Strategien für Ihren Unterricht

Regeln

Überlegen Sie, was für Sie unter schwerwiegendes Fehlverhalten im Unterricht fällt. Ein Beispiel haben wir bereits genannt: »Wir lösen Konflikte ohne Gewalt.« Zwei Dinge fallen auf:

1. Gewaltanwendung ist ein schwerwiegendes Vergehen. Kein Lehrer möchte, dass seine Schüler sich im Unterricht gegenseitig schlagen.
2. Die Regel ist positiv formuliert.

Und noch einmal: Achten Sie darauf, nicht mehr als fünf Regeln aufzustellen. Stellen Sie Ihren Schülern die Regeln vor, diskutieren Sie mit ihnen, warum sie wichtig sind, und erklären Sie, welche Konsequenzen es hat, eine dieser Regeln zu brechen. Setzen Sie die Regeln dann konsequent um. Konsequent, aber niemals gemein.

Arbeitsabläufe

Es ist keine gute Idee, alle Arbeitsabläufe auf einmal einzuführen. Das überfordert die Schüler nur. Fangen Sie lieber mit den wichtigsten an und führen Sie immer wieder mal ein paar neue ein. Gehen Sie dabei immer in sechs einfachen Schritten vor:

1. Stellen Sie den Arbeitsablauf vor und erklären Sie, warum er wichtig ist.
2. Machen Sie die Vorgehensweise einmal vor, damit Ihre Schüler genau sehen, wie sie funktioniert.
3. Üben Sie den Arbeitsablauf mit den Schülern. (Das gilt übrigens nicht nur für die Grundschule. Auch Profifußballer üben in jedem Training Standardsituationen!) *gute Metapher*
4. Loben Sie Ihre Schüler, wenn sie den Arbeitslauf korrekt anwenden, und erinnern Sie sie, wenn sie ihn »vergessen«. *+ mahnen*
5. Reagieren Sie ganz ruhig, wenn Schüler die Vorgehensweise vergessen, und üben Sie sie noch einmal ein.
6. Achten Sie konsequent auf die Anwendung eingeübter Arbeitsabläufe. *z. B. Garderobe, Material = Grundlagen Kommunikationsregeln*

Wenn Sie es mit dieser Methode versuchen wollen, empfehlen wir Ihnen, mit dem wichtigsten Arbeitsablauf anzufangen. Kennen Sie den **wichtigsten Arbeitsablauf,** den jeder Lehrer einführen muss? Jeder Lehrer braucht eine **eindeutige Methode, sich die Aufmerksamkeit seiner Schüler zu verschaffen,** wann immer das notwendig ist. Das ist deshalb so wichtig, weil Sie sich zuerst die Aufmerksamkeit Ihrer Schüler verschaffen müssen, ehe Sie sie unterrichten können.

Blickpunktkunde: Brainstorming
Wie hören Schüler mir zu? =

Daher fragen wir Sie: Was tun Sie immer dann, wenn Sie die Auf- *mich/ich* merksamkeit Ihrer Schüler auf sich lenken wollen? Haben Sie eine *überall* bestimmte Vorgehensweise, die Ihren Schülern signalisiert: »Ach- *zu* tung, aufgepasst!«? Ist Ihren Schülern diese Vorgehensweise ver- *Klasse* traut? Reagieren sie darauf? Oder versuchen Sie es mal mit dieser, *herstell* mal mit jener Methode – legen das eine Mal den Finger auf die Lip- pen, sagen das andere Mal »Sch!« oder »Jetzt gut aufpassen!«, knip- sen dann wieder das Licht an und aus, ohne den gewünschten Effekt zu erzielen? *Papa = Glocke*

Die perfekte Methode, sich die Aufmerksamkeit einer Klasse zu verschaffen, gibt es nicht. Aber es gibt einige Methoden, die nie funktionieren. Mit Bitten, Drohen und Ermahnen kommt man nicht weit. Egal, für welche Methode Sie sich entscheiden: Sie müssen sie konsequent anwenden, sie immer wieder mit den Schülern einüben, und Sie dürfen sich dabei niemals »verbiegen«. (Wir kennen einige Lehrer, die buchstäblich ihren Körper verbiegen oder das Gesicht verzerren, wenn sie sich ärgern. Kein schöner Anblick!)

Quintessenz

Im Gegensatz zu dem, was viel zu viele Lehrer glauben, geht es bei einem konsequenten Vorgehen gegen Disziplinlosigkeit und der Einführung klar definierter Regeln und Arbeitsabläufe nicht einfach um die Frage, ob ein Lehrer nett oder gemein ist. Es geht auch um die Frage, ob er konsequent oder inkonsequent ist.

Wenn Sie nämlich **nett und inkonsequent** sind, werden Ihre Schüler Sie »mögen«, aber sie werden Ihnen auf der Nase herumtan- zen, und deshalb werden Sie ihnen nichts beibringen können.

Wenn Sie **gemein und inkonsequent** sind, sind Sie zum Schei- tern verurteilt. Sind Sie **gemein und konsequent**, so sind Sie etwas besser dran, aber trotzdem zum Scheitern verurteilt.

Wenn Sie dagegen **nett und konsequent** sind, werden Sie keine Disziplinprobleme haben. Und nur wenn Ihre Schüler diszipliniert sind, können Sie sie unterrichten.

wertschätzend UND (≠ aber)
Nicht die nette Lehre
23 *fällt sie gut,*
Phänomene: oftmals strenge aber faire
Lehrer gemocht

4 Alles in Ordnung?

Denkanstoß

»Alles in Ordnung?« Diese drei schlichten Worte bedeuten: »Ich mache mir Sorgen um dich. Du bist mir wichtig.« Gibt es etwas Schöneres als die Gewissheit, dass wir jemandem wichtig sind? Welcher Schüler würde sich nicht besser benehmen, wenn er das Gefühl hätte, dass sein Lehrer sich für ihn interessiert? Welcher Schüler wäre umgekehrt motiviert, sich im Unterricht eines Lehrers zu benehmen, dem er egal ist?

Lösungen und Strategien für Ihren Unterricht

Die »Alles in Ordnung?«-Methode ist ebenso simpel wie wirkungsvoll. Sie beruht auf folgender Annahme: **Schüler werden sehr viel geneigter sein, sich ordentlich zu benehmen, wenn sie davon überzeugt sind, dass Sie sich für sie interessieren.** Das Rezept ist einfach: Wenn ein Schüler sich bei Ihnen im Unterricht danebenbenimmt, dann gehen Sie mit diesem Schüler vor die Tür und fragen ihn ganz ernst: »Alles in Ordnung?« (Entscheidend ist dabei, dass Sie aufrichtig wirken und ehrlich besorgt klingen.)

Wahrscheinlich wird der Schüler Sie überrascht anschauen, aber in den meisten Fällen wird er die Frage mit »Ja« beantworten. In diesem Fall fahren Sie folgendermaßen fort: »Weißt du, ich frage deshalb, weil du dich gerade so danebenbenommen hast, und das ist doch sonst nicht deine Art.« (Nun ja, vermutlich entspricht das nicht ganz der Wahrheit, weil das Verhalten eher typisch für diesen Schüler war, aber Sie verstehen sicher, worauf wir hinauswollen.) »Deshalb war mir sofort klar, dass dich irgendetwas beschäftigen muss, sonst würdest du dich nicht so verhalten. Ich wollte dir nur sagen: Wenn es irgendetwas gibt, was dir Sorgen macht, kannst du jederzeit zu mir kommen.« Das ist alles. Danach gehen Sie einfach zurück ins Klassenzimmer.

Haben Sie angemessen auf das Fehlverhalten reagiert? Ja. Sie haben deutlich gemacht, dass ein solches Verhalten inakzeptabel ist. Wird sich das Verhalten des Schülers bessern? Fast immer!

Ebenso wichtig ist in diesem Zusammenhang jedoch, was Sie nicht getan haben. Sie haben ihn nicht ermahnt, das nie wieder zu tun, Sie haben sein Verhalten nicht persönlich genommen, Sie haben nicht gedroht und den Schüler nicht heruntergemacht. Sie haben lediglich deutlich gemacht, dass der Schüler Ihnen nicht egal ist und Sie wegen seines Verhaltens besorgt sind.

Ein Lehrer an einer Highschool hat uns folgende Geschichte erzählt:

Als ich Sie über die »Alles in Ordnung?«-Methode reden hörte, habe ich ehrlich gesagt nicht geglaubt, dass das funktioniert. Meine Schüler kommen alle aus Problemfamilien. So viel Disziplinlosigkeit habe ich selten gesehen. Nach den Weihnachtsferien kam einer meiner Schüler zurück in den Unterricht und verweigerte drei Tage lang jede Mitarbeit. Meistens legte er seinen Kopf aufs Pult und schlief. Irgendwann war ich so wütend und frustriert, dass ich beschloss, es mal mit der »Alles in Ordnung?«-Methode zu versuchen, obwohl ich mir absolut sicher war, dass das nicht funktionieren würde.

Ich ging mit ihm hinaus auf den Flur und fragte: »Alles in Ordnung?« Der Schüler fing an zu weinen und sagte: »Nichts ist in Ordnung. Ich habe Krebs. Ich habe die Diagnose in den Ferien bekommen, es ist eine besonders aggressive Variante. Ich bekomme jetzt Chemotherapie, und das macht mich wahnsinnig müde. Aber ich möchte trotzdem hier sein, weil ich nicht weiß, wie viel Zeit mir noch bleibt.« (Der Lehrer war selbst den Tränen nah, als er uns die Geschichte erzählte.) Ich habe ihn gefragt: »Warum hast du mir nichts davon erzählt?«, und der Schüler antwortete: »Ich dachte, das wäre Ihnen egal.«

Dem Lehrer war es aber ganz und gar nicht egal. Später erfuhren wir, dass er den Schüler von da an zur Chemotherapie fuhr, wann immer es ihm möglich war. Tatsache ist: Ihre Schüler können nicht wissen,

gerade wenn sie es in Elternhaus nicht erfahren

dass Sie sich für Sie interessieren, wenn Sie es ihnen nicht sagen. Viele Schüler gehen automatisch davon aus, dass sie uns egal sind. Es ist unsere Aufgabe, sie vom Gegenteil zu überzeugen.

Quintessenz

≠ Therapie nur ernst nehmen

Viele Schüler nehmen an, dass sich ihre Lehrer nicht für sie interessieren. Die Folgen sind:

- störendes Verhalten im Unterricht
- negative Grundeinstellung → *Resonanz: Hat Lehrer negative Grundeinstellung?*
- Respektlosigkeit
- Apathie
- fehlende Motivation

Wenn Lehrer ihren Schülern zu zeigen vermögen, dass sie ihnen nicht egal sind, führt das häufig zu:

- angemessenem Verhalten
- positiver Grundeinstellung
- Respekt
- Interesse
- Motivation

Was ziehen Sie vor? Sie haben die Wahl!

5 Bleiben Sie dicht dran!

Denkanstoß

Erwiesenermaßen führt **jede physische Barriere zu einer mentalen Barriere.** Was das mit Unterrichten zu tun hat? Sie werden gleich verstehen, worauf wir hinauswollen. Betreten Sie ein Zimmer, um sich mit jemandem zu treffen, so wird es Sie mehr einschüchtern, wenn die betreffende Person hinter einem Schreibtisch sitzt, als wenn sie aufsteht und neben Ihnen Platz nimmt. Wird die Barriere (in diesem Fall der Schreibtisch) aus dem Weg geräumt, so ist es leichter, Vertrauen aufzubauen.

Wenn Sie einen Vortrag hören, bei dem der Redner hinter einem Pult steht, fühlt sich das anders an, als wenn er ins Publikum hineingeht und die Teilnehmer in den Vortrag einbezieht. Wenn Sie beim Essen jemandem gegenübersitzen, schafft das mehr Distanz, als wenn diese Person neben Ihnen sitzt. Verstehen Sie, was wir sagen wollen? Dann lassen Sie uns diese Erkenntnis auf den Unterricht übertragen.

Lösungen und Strategien für Ihren Unterricht

Allzu oft und meist, ohne dass es ihnen bewusst ist, errichten Lehrer eine physische Barriere zwischen sich und den Schülern – sei es der Lehrerschreibtisch oder ein Rednerpult. Zugegeben, die Schüler werden in einem solchen Fall nicht bewusst denken, Sie hätten eine physische (und mentale) Barriere aufgebaut. Aber ihr Verhalten zeigt, dass sie es unbewusst sehr wohl wahrnehmen. **Wenn ein Lehrer sich physisch von seinen Schülern entfernt, hat das negative Folgen für die Disziplin.**

Die Lösung ist einfach: Verstecken Sie sich nicht hinter Ihrem Schreibtisch oder Pult, gehen Sie in die Klasse hinein und legen Sie los! Mit dieser kleinen Veränderung vermitteln Sie Ihren Schülern, dass Sie mit ihnen »im selben Boot« sitzen. Genauso gilt: Je näher Sie bei einem Schüler stehen, desto geringer die Wahrscheinlichkeit, dass er unaufmerksam ist. Probieren Sie es aus!

Stört ein Schüler den Unterricht, so gehen Sie einfach in Richtung seines Pultes und stellen sich neben ihn hin – aber ohne ihm böse Blicke zuzuwerfen oder Ähnliches. Fahren Sie einfach im Unterricht fort, und lassen Sie sich nicht aus dem Rhythmus bringen. Sie werden in fast allen Fällen eine positive Wirkung auf das Verhalten des Schülers feststellen. Denn **Schülern fällt es schwerer, sich danebenzubenehmen, wenn ein Erwachsener danebensteht.**

Hier noch ein weiterer Aspekt, den man nicht vernachlässigen sollte: Wie Studien gezeigt haben, halten sich Lehrer am häufigsten in einem ganz bestimmten, bevorzugten Bereich des Klassenzimmers auf. Das ist jedoch kontraproduktiv, denn wie Studien ebenfalls gezeigt haben, treten die meisten Disziplinprobleme in der Ecke des Klassenzimmers auf, die am weitesten vom Lehrer entfernt ist. Die Devise lautet daher: Bleiben Sie in Bewegung! Das heißt nicht, dass Sie ständig von einer Ecke in die andere wetzen müssen. Aber wechseln Sie während des Unterrichts regelmäßig gezielt Ihre Position im Klassenzimmer.

Stellen Sie sich vor, jemand würde Ihre Schüler fragen, wo ihr Lehrer normalerweise steht. Könnten die Schüler darauf eine eindeutige Antwort geben? Die Antwort sollte lauten: »Er ist mal hier, mal dort. Er bleibt nie lange auf einem Fleck.« Wenn sie ehrlich sind, werden die meisten Lehrer jedoch zugeben müssen, dass sie sich im Unterricht tatsächlich die meiste Zeit an ihrem »Lieblingsort« aufhalten. Geben Sie sich also einen Ruck, bewegen Sie sich zwischen Ihren Schülern, und wechseln Sie immer wieder ganz bewusst den Standort, während Sie unterrichten.

Quintessenz

Je näher Sie Ihren Schülern sind, desto aufmerksamer werden sie dem Unterricht folgen, desto disziplinierter werden sie sein, und desto weniger werden sie auf »dumme Gedanken« kommen. Es stimmt schon: Ist die Katz aus dem Haus, regt sich die Maus. Kommen Sie aus Ihrer Lieblingsecke heraus, und sorgen Sie dafür, dass es zwischen Ihnen und Ihren Schülern keine physischen Barrieren gibt. Hinter Ihrem Pult sollten Sie nur vor und nach dem Unterricht sitzen. Je näher Sie sich bei Ihren Schülern aufhalten, mit desto weniger Disziplinproblemen werden Sie zu kämpfen haben.

„Lehrerrevier" nen denken!

6 Glauben Sie an Ihre Schüler!

[handschriftlich: wie soll sich Schüler dann verhalten?]

[handschriftlich: Zusammenhang]

[handschriftlich: Abwärtsspirale]

Denkanstoß

- Viele Schüler glauben nicht, dass ihre Lehrer wirklich an sie glauben.
- Viele Schüler glauben nicht, dass ihre Eltern wirklich an sie glauben.
- Viele Schüler glauben nicht, dass irgendein Erwachsener ernsthaft an sie glaubt.
- Daher glauben viele Schüler nicht an sich selbst.
- Schüler, die nicht an sich glauben, neigen häufiger zu Verhaltensauffälligkeiten.
- Mit Schülern, die an sich glauben, haben Lehrer dagegen sehr viel weniger Disziplinprobleme.

Dass Kinder an sich glauben, ist ihnen nicht angeboren. Um ein Gefühl dafür zu bekommen, was sie »wert« sind, orientieren sie sich an ihren Vorbildern, den Erwachsenen in ihrem Leben. **Wenn ein Schüler zu Hause keine positiven Identifikationsfiguren hat, sind seine Lehrer möglicherweise seine einzige Hoffnung.** Wenn Schüler zu Hause keine positiven Vorbilder haben, verursachen sie im Unterricht häufiger Disziplinprobleme und machen ihren Lehrern dadurch das Leben schwer. Nun hat niemand behauptet, dass Unterrichten ein Zuckerschlecken sei. Dennoch: Jeder Schüler hat es verdient, dass ein Erwachsener an ihn glaubt.

Argument: hier stirnle Spanny zw. Bildung & Erziehg, insb. Ganztg.

Aber selbst wenn ein Kind zu Hause positive Identifikationsfiguren vorfindet und an sich glaubt, genügt *ein* Lehrer, der nicht an dieses Kind glaubt, und die Gleichung geht nicht mehr auf. Wenn man bedenkt, wie viel Zeit Schulkinder mit ihren Lehrern verbringen (zieht man die Schlafenszeit ab, sind es oftmals mehr Stunden pro Tag als mit ihren Eltern), so wird klar, warum Lehrer einen so großen Einfluss auf das Leben eines Schülers haben. Wenn man sich darüber hinaus bewusst macht, dass man ein Kind zunächst erreichen muss, ehe man es unterrichten kann, sollte es Ihr oberstes Ziel als Lehrer sein, jeden einzelnen Schüler in einer Klasse zu erreichen. Und wie erreichen Sie einen Schüler? **Indem Sie ihn davon überzeugen, dass Sie an ihn glauben.**

Vorbild lernen
Lehrer TK → Schüler TK

Teil-diagram
Exklus: ist
Erziehg überlagert möglich. Alle erziehg

Lösungen und Strategien für Ihren Unterricht

Um Ihre Schüler zu erreichen und sie unterrichten zu können, müssen Sie also jeden einzelnen Schüler davon überzeugen, dass Sie an ihn glauben. Jeden Einzelnen! Und wie zeigt ein Lehrer, dass er an seine Schüler glaubt?

- Er geizt nicht mit seinem Lächeln.
- Er ermutigt seine Schüler: »Du schaffst das!«
- Er unterstützt seine Schüler, wo er kann.
- Er hat sehr viel Geduld mit ihnen.
- Er sagt ihnen bei jeder Gelegenheit, dass er an sie glaubt.

Wenn Sie erreichen wollen, dass ein Schüler an sich selbst glaubt, dann sagen Sie ihm, dass Sie an ihn glauben, dass Sie weiter hinter ihm stehen, dass Sie wissen, dass es nicht leicht ist, und dass Sie für ihn da sind, wenn er Sie braucht. Leider stellen wir immer wieder fest, dass viel zu viele Lehrer das vergessen. Dabei ist es keine große Kunst. Man muss es nur machen!

einfach sagen,
direkte Sprache,
kein doppelter Boden

Quintessenz

Schüler, die an sich glauben, legen besseres Verhalten an den Tag. Lehrer, die an ihre Schüler glauben, haben weniger Disziplinprobleme. Wenn Sie jetzt denken: »Es kann gar nicht sein, dass sich die Disziplin in einer Klasse verbessert, nur weil ich etwas so Simples tue, wie an meine Schüler zu glauben«, dann haben Sie es offenbar noch nie ausprobiert. Probieren Sie es aus, dann werden Sie es bald – glauben.

7

Ein Sitzplan nach Maß

RK

ausprobieren!

Denkanstoß

Wenn Sie mit einem Freund ins Kino, ins Theater oder ins Fußball-stadion gehen, wo möchten Sie dann gern sitzen? Suchen Sie sich einen Fremden aus, oder sitzen Sie lieber neben Ihrem Freund? Die Antwort liegt auf der Hand. Warum sitzen Sie lieber neben jeman-dem, den Sie kennen? Auch das ist nicht schwer zu erraten: Sie sitzen gern neben Ihrem Freund, weil Sie den Abend dann besser genießen können. Sie haben jemanden zum Reden, und so macht es einfach mehr Spaß. Das liegt in der menschlichen Natur.

Stellen Sie sich vor, Sie sitzen mit einem Freund im Kino, und kurz bevor der Hauptfilm anfängt, kommt jemand herein und sagt: »Okay, alle mal herhören. Ich sage Ihnen jetzt, wo Sie sich hinsetzen sollen. Nur so ist sichergestellt, dass niemand neben jemandem sitzt, den er oder sie kennt. Sie könnten sonst in Versuchung kommen, während des Films miteinander zu reden, und das wollen wir unter allen Umständen vermeiden.« Allein die Vorstellung! Als Erwach-sener würden Sie in einem solchen Fall vermutlich aufstehen und gehen. Jedenfalls wären Sie ziemlich genervt, und das ist auch ver-ständlich. *RK*

Sie ahnen schon, worauf wir hinauswollen. **Am ersten Schul-tag kommen Ihre Schüler ins Klassenzimmer und möchten sich so wohl fühlen wie möglich.** Deshalb sitzen sie gern in der Nähe ihrer Freunde, genau wie Sie, wenn Sie ins Theater gehen. Und ja, die Wahrscheinlichkeit, dass sie mit einem Freund schwätzen, ist weitaus größer als bei einem Fremden. Das könnte für Sie als Lehrer

auf Augenhöhe, gleiche Wertschätzung wie Erwachsene erfahren

zum Problem werden. Damit stehen Sie vor der Wahl: Entweder Sie lassen die Schüler sitzen, wo sie wollen, und warten, bis Disziplinprobleme auftreten, bevor Sie sie umsetzen, oder Sie weisen ihnen einen Platz zu und hoffen, dass sie neben niemandem sitzen, der sie in Versuchung führt. Wir glauben, dass es noch eine bessere, effektivere Möglichkeit gibt.

Lösungen und Strategien für Ihren Unterricht

Am ersten Schultag ist es wichtig, dass Sie es sich mit Ihren Schülern nicht gleich verscherzen. Sie wollen schließlich, dass sie am nächsten Tag gern wiederkommen. Das heißt nicht, dass Sie die Schüler machen lassen sollen, was sie wollen. Aber wir empfehlen Ihnen, die Schüler am ersten Tag ihren Platz frei wählen zu lassen. Sagen Sie ihnen, dass sie in den ersten Tagen sitzen dürfen, wo sie möchten, schließlich sollen sie sich im Klassenzimmer wohlfühlen. Fügen Sie hinzu: »Was wir danach machen, darüber reden wir später, aber es wird euch gefallen.« Das ist alles. Mehr sollten Sie zu diesem Zeitpunkt nicht verraten.

Sie werden in diesen ersten Tagen feststellen, dass Sie **manche Schüler problemlos neben ihren Freunden sitzen lassen können, weil sie den Unterricht gar nicht stören.** In der Regel sind es nur einige wenige Schüler, die Sie versetzen müssen, um Ihre Nerven und die aller anderen Schüler zu schonen. Außerdem wird Ihnen auffallen, dass hie und da zwei Schüler, die nicht gerade die dicksten Freunde sind, viel zu nahe beieinandersitzen. In den meisten Fällen, da sind sich erfahrene Lehrer einig, genügt es, fünf oder sechs Schüler strategisch geschickt umzusetzen, und schon haben Sie einen Sitzplan nach Maß.

Alles, was Sie jetzt noch brauchen, ist ein guter Plan, wie Sie den Schülern den Sitzplatztausch schmackhaft machen können. Bevor Sie jetzt sagen: »Es ist nicht meine Aufgabe, mir zu überlegen, was meinen Schülern schmeckt!«, sollten Sie sich vor Augen führen, dass zufriedene Schüler sich besser benehmen und im Unterricht mehr anstrengen. Zufriedene Schüler sind besser motiviert, und ihre Zufriedenheit steckt auch andere Schüler an.

Aber wie sollten Sie vorgehen, wenn Sie einen Schüler umsetzen wollen, der aufgrund seines Sitzplatzes zu häufig den Unterricht stört? Wie können Sie das bewerkstelligen und gleichzeitig dafür sorgen, dass er glücklich und zufrieden ist? Dazu bedarf es einer kleinen Portion Psychologie, aber schwierig ist das nicht. Hier ein Beispiel, das uns ein Lehrer erzählt hat:

nicht wie wenn sich Lehrer beugt (2)

Ich hatte fünf oder sechs Schüler in der Klasse, die ich umsetzen musste, weil sie häufig den Unterricht störten. Einer der Schüler saß zu weit hinten, und ich wollte ihn in die erste Reihe setzen. Andere Schüler wollte ich von ihren Freunden wegsetzen. Es sollte aber nicht so aussehen, als wollte ich jemanden bestrafen.
Daher ging ich einfach folgendermaßen vor: Ich erzählte den Schülern, dass ich die Sitzordnung ein wenig verändern müsse, um mir das Leben leichter zu machen. Dem Schüler, der zu weit hinten saß, übertrug ich die Aufgabe, die Arbeiten aller Schüler zu sammeln, die diese nach einem Test nach vorne durchgeben. Ich erklärte ihm, dazu sei es notwendig, dass er in der ersten Reihe sitze. Und siehe da: Erstens tat er das gern, und zweitens legte er fortan ein viel besseres Verhalten an den Tag, weil ich ihm eine verantwortungsvolle Aufgabe übertragen hatte!
Bei den anderen Schülern machte ich es genauso: Ich gab ihnen eine bestimmte Aufgabe und setzte sie so um, dass sie ihren Job am besten erfüllen konnten. Sie kauften mir die Geschichte ab, und von da an hatte ich keine Probleme mehr. Seitdem mache ich es jedes Jahr so, und es funktioniert wunderbar. *so sind Schüler nicht!*

Ein anderer Ansatz besteht darin, die **Einteilung für die Gruppenarbeit zur Grundlage des Sitzplans zu machen.** Sagen Sie den Schülern, Sie würden die Sitzordnung so verändern, dass die Mitglieder eine Gruppe möglichst nahe beieinandersitzen. Sie teilen die Schüler also in Arbeitsgruppen ein (wobei Sie darauf achten, welche Schüler gut zusammenarbeiten und welche besser getrennt sein sollten), und dann erstellen Sie einen Sitzplan, bei dem die einzelnen Gruppen beieinandersitzen und sich schnell formieren können, wann immer Sie den Schülern einen Arbeitsauftrag geben, den sie in Gruppenarbeit lösen sollen.

So werden die Schüler nie erfahren, dass Sie nebenbei gleich ein paar der »üblichen Verdächtigen« voneinander getrennt haben. Wir empfehlen, die Gruppen alle paar Wochen neu einzuteilen. Dazu sollten Sie den Schülern mitteilen, dass Sie die Gruppen regelmäßig anders zusammenstellen und den Sitzplan entsprechend verändern werden.

lernen in heterogener Gruppe

In hartnäckigen Fällen werden Sie natürlich trotzdem mit einem Schüler reden und ihn gezielt umsetzen müssen. Wir sind jedoch davon überzeugt, dass das wesentlich seltener der Fall sein wird, wenn Sie einige der hier erwähnten Tipps anwenden.

Quintessenz

Die Quintessenz lautet: Die Sitzordnung beeinflusst die Disziplin in einer Klasse. Deshalb sollten Sie den Sitzplan von Zeit zu Zeit verändern beziehungsweise anpassen. Wenn Sie dabei psychologisch geschickt vorgehen, können Sie sich viel Ärger ersparen. Ein Sitzplan nach Maß ist der erste Schritt zu einer disziplinierten Klasse.

8 »Frohbriefe« an die Eltern

Denkanstoß

Die meisten Eltern möchten das Gefühl haben, dass sie gute Eltern sind. Sie sind stolz auf ihre kleinen Engel. Daher fühlen sie sich persönlich angegriffen, wenn irgendjemand andeutet, dass ihr Kind nicht ganz so perfekt ist, wie sie es sich wünschen. Immerhin könnte man daraus ja den Schluss ziehen, dass sie als Eltern möglicherweise nicht ganz so perfekt sind, wie sie es gern wären. Es gibt nichts, was Eltern lieber hören als ein Lob ihres Kindes. Und Kinder wünschen sich mehr als alles andere, dass ihre Eltern und Lehrer stolz auf sie sind. Wie können wir uns das im Unterricht zunutze machen?

Lösungen und Strategien für Ihren Unterricht

Das Rezept, dass wir Ihnen hier vorstellen, hat sich in unzähligen Klassenzimmern bewährt und erstaunliche Erfolge gezeigt. Es lautet: **Schicken Sie in jeder Ihrer Klassen jeden Tag eine Nachricht an die Eltern eines Kindes, die diese froh macht.** Ein solcher »Frohbrief« kann ungefähr so aussehen, wie auf der nächsten Seite beschrieben.

Sie müssen in dieses Formular nur noch Namen und Anlass eintragen und unterschreiben. Viele Lehrer haben immer ein paar Exemplare einer solchen Nachricht griffbereit, sodass sie nur noch eine ausfüllen müssen, wenn sich eine Gelegenheit ergibt. Das dauert vielleicht 20 Sekunden – aber die Auswirkungen können gewaltig sein.

> Sehr geehrte(r) Herr/Frau _____ ,
>
> ich bin sehr stolz auf Ihr Kind, _____ , weil
>
> _____ .
>
> Ich wollte Ihnen das gern mitteilen, weil Sie sicher ebenso stolz auf Ihr Kind sind.
>
> Beste Grüße
>
> _____

Nehmen wir an, eine Ihrer Schülerinnen stört häufig im Unterricht. Bestimmt mangelt es Ihnen nicht an (guten) Gründen, eine Nachricht an die Eltern zu schreiben und eine ganze Litanei an Gelegenheiten aufzuzählen, bei denen diese Schülerin in letzter Zeit unangenehm aufgefallen ist. Bevor Sie zur Tat schreiten, sollten Sie stattdessen versuchen, diese Schülerin bei gutem Betragen zu »ertappen« (Näheres dazu in Kapitel 22) und diese Gelegenheit beim Schopf zu ergreifen, um ihren Eltern einen kleinen »Frohbrief« zu schreiben.

Eine solche Nachricht kommt mit an Sicherheit grenzender Wahrscheinlichkeit bei den Eltern an und endet nicht selten an der Pinnwand! Das ist nicht unredlich, schließlich behaupten Sie ja nicht, dass das Kind sich immer gut betrüge. Sie machen sich nur das gute Betragen in einer bestimmten Stunde zunutze, mit dem Ziel, dass sich die Schülerin in Zukunft häufiger gut benimmt.

Stellen Sie sich vor, was passierte, wenn Sie an jedem Schultag eine solche Nachricht an die Eltern eines Schülers schicken würden. Je nachdem, wie viele Schüler in einer Klasse sind, bekämen die Eltern jedes Kindes dann alle eineinhalb Monate, vielleicht sogar einmal im Monat, eine solche Frohbotschaft. Aber selbst wenn es nur alle zwei Monate sein sollte, wären das vermutlich immer noch mehr positive Nachrichten pro Schuljahr, als die Eltern je von einem Lehrer erhalten haben.

Was erreichen Sie mit solchen Nachrichten? Sie machen auf diese Weise deutlich, dass **Sie ein Lehrer sind, der sich für seine Schüler**

interessiert und das Positive an ihnen wahrnimmt. Sollten Sie in Zukunft wegen eines Fehlverhaltens einmal die Eltern eines Schülers kontaktieren müssen, werden diese viel eher ein offenes Ohr für Sie haben. Das ist einmal mehr keine weltbewegende Erkenntnis, sondern liegt in der menschlichen Natur.

Das Wichtigste ist jedoch, dass sich **das Verhalten einer Schülerin fast immer bessern wird, wenn sie merkt, dass Sie ein Auge für das Positive in ihr haben.** Um diesen Gewinn zu erzielen, müssen Sie keinen großen Aufwand treiben. Pro Schulstunde kostet Sie das maximal eine Minute – eine Minute, die gut angelegt ist, denn sie wird Ihnen viele, viele Minuten guten Betragens einbringen!

Quintessenz

Indem Sie »Frohbriefe« an die Eltern verschicken, können Sie nicht nur Ihr Verhältnis zu Eltern und Schülern verbessern, sondern auch das Verhalten Ihrer Schüler positiv beeinflussen und Ihre eigene Stimmung heben. Kostenlos, einfach und effektiv.

9 Schüler benachrichtigen ihre Eltern

Denkanstoß

Mit einer kleinen Portion Psychologie kann man viel ausrichten! Lehrer informieren nicht gern die Eltern eines Schülers, dass sich ihr Kind in der Schule danebenbenommen hat. Wenn Lehrer eine kurze Notiz schreiben, halten sie fest, was das Kind in der Schule angestellt hat, was es zu tun versäumt hat oder was es einem Mitschüler angetan hat. Selbst wenn die Botschaft, die der Lehrer mit einer solchen Nachricht übermitteln will, unterwegs nicht »verloren« geht – es ist selten, dass sie bei den Eltern wirklich »ankommt«.

Unabhängig davon, ob der Lehrer zu Hause anruft oder tatsächlich eine kurze Notiz schickt – in der Essenz läuft doch die Kommunikation so:

Sehr geehrte Eltern,

leider muss ich Sie davon in Kenntnis setzen, dass sich Ihr Kind heute im Unterricht ziemlich danebenbenommen hat: [...] Ich dachte mir, dass Sie das sicherlich interessieren wird, und hoffe, dass Sie auch zu Hause entsprechende Maßnahmen ergreifen werden.

Sehr geehrter Lehrer,

ich habe Ihre Nachricht erhalten und mit meinem Sohn darüber gesprochen. Ihre Vorwürfe sind unzutreffend. Ich kann mich des Eindrucks nicht erwehren, dass Sie unabhängig vom Verhalten meines Sohnes stets einen Vorwurf an seine Adresse konstruieren. Wenn jemand sein Verhalten ändern muss, dann sind Sie es! Wir erwarten, dass Sie sich bei unserem Sohn entschuldigen.

Kommt Ihnen das irgendwie bekannt vor? Ja? Dann haben wir einen heißen Tipp für Sie!

Lösungen und Strategien für Ihren Unterricht

Sagen Sie Ihren Schülern, dass Sie ab sofort darauf verzichten werden, ihre Eltern zu benachrichtigen, wenn sie sich im Unterricht danebenbenehmen. (Die Schüler werden daraufhin wahrscheinlich erleichtert aufatmen oder in Jubel ausbrechen.) Fahren Sie fort: »Stattdessen werdet Ihr derartige Nachrichten in Zukunft selbst schreiben. Ihr seid mittlerweile alt genug, und es ist euch sicher lieber, solche Nachrichten selbst zu schreiben, als wenn ich es tue.« Achten Sie darauf, das nicht in einem sarkastischen Tonfall zu sagen, sondern ganz so, als würden Sie Ihren Schülern einen Gefallen tun. Das ist alles.

Sobald ein Schüler sich das nächste Mal danebenbenimmt und Sie die Eltern verständigen wollen, lassen Sie den Schüler die Nachricht selbst schreiben. Nehmen wir an, Susan wirft Monique ein »unanständiges« Wort an den Kopf, und bei Susan ist so etwas in letzter Zeit häufiger vorgekommen. Sagen Sie einfach zu Susan: »Dir ist sicher klar, dass deine Eltern das erfahren sollten. Also setz dich hin und schildere ihnen in einer kleinen Notiz, was passiert ist.« Fügen Sie hinzu, dass Sie das »unanständige« Wort ruhig in die Nachricht hineinschreiben soll. Widerwillig schreibt Susanne auf:

Liebe Mama, lieber Papa,

heute im Unterricht habe ich Monique eine #?^§! (Schimpfwort einfügen) genannt.

Viele Grüße,
Eure Susanne

Unterschrift des Lehrers: _____

Unterschrift der Eltern: _____

Nachdem Sie die Notiz unterschrieben haben, geben Sie sie Susan mit nach Hause und bitten sie, die Notiz zur nächsten Stunde mit der Unterschrift der Eltern wieder mitzubringen. Beschwerden von Eltern, die behaupten, ihr Kind habe nichts dergleichen getan, gehören damit der Vergangenheit an. Schließlich hat das Kind es selbst zugegeben und aufgeschrieben. Da die Nachricht von ihrem Kind kommt, nicht von Ihnen, ist sie viel glaubwürdiger, und die Eltern fühlen sich nicht so leicht persönlich angegriffen.

Aber was, wenn Susan am nächsten Tag im Unterricht erscheint und behauptet, sie habe »vergessen«, die Nachricht ihren Eltern zu geben? Auch dafür gibt es eine einfache Lösung. Sie greifen einfach zu Ihrem Handy, während Susan neben Ihnen steht und mithört. »Hallo, Frau X, hier Y, der Lehrer von Susan. Susan sollte Ihnen gestern eine Nachricht geben, aber sie hat es leider vergessen. Anstatt den Brief noch mal mit nach Hause zu schleppen, soll sie Ihnen einfach am Telefon kurz erklären, was vorgefallen ist. Ich gebe sie Ihnen mal.« Damit drücken Sie Susan das Handy in die Hand. Sie werden sehen, die Methode wirkt wahre Wunder. In der Regel bessert sich das Verhalten der Schüler sofort, sobald sie das einmal erlebt haben.

Quintessenz

Wenn ein Kind in seinen eigenen Worten »zugibt« und aufschreibt, was es angestellt hat, können die Eltern Ihnen als Lehrer nicht vorwerfen, Sie hätten das Kind zu Unrecht beschuldigt oder überreagiert und aus einer Mücke einen Elefanten gemacht. Lassen Sie Schüler ihre eigenen Nachrichten an die Eltern schreiben!

10 Verantwortung übertragen

[handschriftlich: FK]

[handschriftlich: wichtige Basis:]

[handschriftlich: erfordert Zutrauen & Vertrauen & Gelassenheit]

Denkanstoß

Eine verantwortungsvolle Aufgabe fördert eine verantwortungs-bewusste Grundhaltung. Viele Lehrer ignorieren das und nehmen sich nicht die Zeit, den Schülern Verantwortung zu übertragen. *[handschriftlich: „mach ich gleich selbst]*

Für etwas zuständig sein heißt, jemandem verantwortlich zu sein beziehungsweise die Verantwortung für etwas zu übernehmen. Wer für etwas zuständig ist, übernimmt eine wichtige Funktion. **Menschen, ob Kinder oder Erwachsene, denen eine wichtige Aufgabe übertragen wird, wachsen in den meisten Fällen in diese Aufgabe hinein.** Menschen, die Verantwortung tragen, verhalten sich in der Regel sozialer als verantwortungslose. Gibt man jemandem, der zu verantwortungslosem Verhalten neigt, eine verantwortungsvolle Aufgabe, wird er sich danach oft wesentlich weniger verantwortungslos zeigen. Am besten geht man dabei in kleinen Schritten vor. *[handschriftlich: kein Wunder wenn ... / braucht auch Gelassenheit]*

Außerdem gilt: Erinnert man einen verantwortungslosen Menschen ständig daran, wie verantwortungslos er handelt, wird er sich wahrscheinlich nur immer noch verantwortungsloser benehmen. Diese Einsichten können wir uns auch im Unterricht zunutze machen, um das Verhalten unserer Schüler zu verbessern. *[handschriftlich: × nicht radikal lernen]*

Lösungen und Strategien für Ihren Unterricht

Die Verantwortung für den Unterricht liegt natürlich allein bei Ihnen. Sie sollen nicht Ihre Pflichten und Ihre Verantwortung an die

[handschriftlich: ≠ Schülerverantwortung]

Schüler abtreten, sondern ihnen nach und nach kleine, verantwortungsvolle Aufgaben übertragen. Fangen Sie bei den Schülern an, die am stärksten zu verantwortungslosem Verhalten neigen!

Hier die Erfahrungen eines Kollegen:

Gleich zu Beginn des Schuljahrs achte ich darauf, welche Schüler am wenigsten Verantwortungsbewusstsein an den Tag legen. Diesen Schülern übertrage ich sofort irgendeine verantwortungsvolle Aufgabe. Mir ist bewusst, dass ich Verhaltensweisen fördere, wenn ich ihnen Aufmerksamkeit widme. Umgekehrt werden Verhaltensweisen, die ich ignoriere, allmählich verschwinden. Also gebe ich meinen Schülern eine Aufgabe, denn so kann ich sie dafür loben, wie verantwortungsbewusst sie sich verhalten. Ich verschicke sogar Briefe an die Eltern, um ihnen mitzuteilen, wie stolz ich auf das Verantwortungsbewusstsein ihrer Kinder bin.

Ich unterrichte zwar an einer Highschool, aber ich habe viele kleine Aufgaben direkt aus dem »Chef-System« meiner Frau übernommen, die Grundschullehrerin ist: Ein Schüler ist zuständig für das Einsammeln der Hausaufgabenhefte, einer für den Tafeldienst und so weiter. Sie werden lachen, aber ich habe sogar einen Schüler, der dafür zuständig ist, Aufkleber an Schüler zu verteilen, die positiv aufgefallen sind. Auf diese Idee hat mich meine Frau gebracht, und anfangs habe ich ehrlich gesagt nicht geglaubt, dass es funktionieren würde. Aber als ich gesehen habe, dass einige Schüler, mit denen andere Lehrer enorme Schwierigkeiten haben, bei mir überhaupt keine Probleme machen, war ich überzeugt.

Im Lauf des Schuljahres übertrage ich den Schülern nach und nach immer mehr Verantwortung, denn letztlich möchte ich ihnen vermitteln, dass sie für sich selbst verantwortlich sind. Ich stelle immer wieder fest: Je mehr Verantwortung ich meinen Schülern übertrage, und sei es nur eine ganz unbedeutende Aufgabe, desto verantwortungsbewusster werden sie. Und je verantwortungsbewusster sie sind, desto besser ist die Disziplin im Unterricht.

Quintessenz

Zu den wichtigsten Einsichten dieses Lehrers gehört unserer Meinung nach **die Tatsache, dass wir Verhaltensweisen fördern, wenn wir ihnen Aufmerksamkeit schenken, und dass umgekehrt Verhaltensweisen, die wir ignorieren, allmählich verschwinden.** Konzentrieren Sie sich daher darauf, Ihren Schülern mehr Verantwortung zu übertragen, dann werden sie weniger verantwortungsloses Verhalten an den Tag legen. Je verantwortungsbewusster die Schüler, desto besser die Disziplin in einer Klasse.

11 Sprechen Sie weniger über Probleme und mehr über Erfolge

≠ Defizitorientierung
Positive Pädagogik

Denkanstoß

Auch auf die Gefahr hin, Eulen nach Athen zu tragen: Wenn Sie immer nur die Probleme ansprechen, wird das weitere Probleme nach sich ziehen; sprechen Sie dagegen die Erfolge an, so werden diese bald zu Selbstläufern. Aber ganz so weit scheint diese Erkenntnis ja nicht verbreitet zu sein, sonst würden alle Lehrer im Unterricht sehr viel mehr die Erfolge ihrer Schüler herausstellen. Schließlich eint sie das gemeinsame Ziel, dass ihre Schüler möglichst erfolgreich sind.

Doch zahlreiche Studien belegen, dass die negativen Äußerungen von Lehrern gegenüber ihren Schülern die positiven deutlich überwiegen. Dabei dauert, wie Forscher ebenfalls gezeigt haben, die Verarbeitung negativer Äußerungen im Gehirn sehr viel länger als die Verarbeitung positiver Äußerungen, und während ein Schüler damit beschäftigt ist, eine negative Botschaft zu verarbeiten, ist Lernen nahezu unmöglich.

Wenn das alles stimmt, liegt die Schlussfolgerung nahe: Sollten wir im Unterricht nicht viel weniger über Probleme reden und viel mehr über Erfolge? Sollten wir als Lehrer nicht jede Gelegenheit nutzen, Erfolge herauszustellen? Trotzdem hören wir in Unterrichtsbeobachtungen viel mehr negative Äußerungen als positive. Aber zum Glück sind nicht alle Lehrer auf das Negative fixiert. **Den besten und erfolgreichsten Lehrern kommt selten etwas Negatives über die Lippen.** Allerdings wären sie auch die Ersten, die uns beipflichten, wenn wir sagen, dass wir alle an unserer positiven Einstellung arbeiten können und Erfolge noch mehr herausstreichen sollten.

Nicht geschimpft ist schon gelobt.
ILD → Hab ich doch bei Hochzeit gesagt :)

Lösungen und Strategien für Ihren Unterricht

Wir haben eine Lehrerin kennengelernt, die eine Meisterin darin ist, im Unterricht die Erfolge in den Mittelpunkt zu stellen. Sie unterrichtet sogenannte »Problemschüler«, die schon mehrmals eine Klasse wiederholen mussten, die undiszipliniert sind, die an anderen Schulen zeitweise oder ganz vom Unterricht ausgeschlossen wurden – kurz: Schüler, für die Schulerfolg ein Fremdwort ist. Und doch schafft es diese Lehrerin jedes Jahr, dass ihre Schüler sich ordentlich benehmen und das Klassenziel erreichen. Was will ein Lehrer mehr? Dieser Lehrerin gelingt das mit Schülern, die zu unterrichten andere Lehrer sich weigern würden. Wir haben sie gefragt, was ihr Schlüssel zum Erfolg ist. Hier ihre Antwort:

Meine Schüler sind alle in der Schublade für »Problemfälle« gelandet. Die meisten sind bereits mit dem Gesetz in Konflikt gekommen. Das Durchschnittsalter meiner Siebtklässler liegt bei fünfzehn. Die Gedanken dieser Schüler kreisen um alles Mögliche, nur nicht um die Schule. Meine einzige Chance besteht deshalb darin, ihnen Erfolgserlebnisse zu verschaffen und sie davon zu überzeugen, dass ich an sie glaube. Nur so kann ich sie dazu bringen, an sich selbst zu glauben.
Die meisten können zum Beispiel zu Beginn des Schuljahres keinen ganzen Satz schreiben. Bis zum Ende des Schuljahres muss ich sie aber so weit bringen, dass sie einen gut strukturierten Aufsatz schreiben können. Also fange ich bei null an und lasse sie am ersten Schultag so einfache Sätze schreiben, dass keiner an dieser Aufgabe scheitert. Und dann überschütte ich sie mit Lob. Wenn sie das Gefühl haben, etwas schaffen zu können, sind sie eher dazu bereit, sich weiterhin anzustrengen.

Innerhalb weniger Wochen bringt sie den Schülern bei, sehr viel komplexere Sätze zu schreiben. Wenig später schreiben sie schon einfache Absätze. Und bis zum Ende des Schuljahres können sie ganze Aufsätze verfassen. Und nicht nur das – auch die Disziplin im Unterricht ist deutlich besser geworden als noch wenige Monate zuvor. All das schafft diese Lehrerin innerhalb eines Schuljahres. Wir haben sie viele Male in Aktion gesehen und dabei folgende Erfolgsgeheimnisse entdeckt:

- Sie lächelt immer.
- Sie sagt ihren Schülern, dass sie an sie glaubt, vor allem, wenn diese Schwierigkeiten haben, an sich selbst zu glauben.

- Sie holt die Schüler dort ab, wo sie stehen, und unterrichtet niemals an ihnen vorbei oder über ihre Köpfe hinweg.
- Sie lobt die Schüler für jeden kleinen Erfolg und stellt nie die Probleme in den Mittelpunkt, sondern immer die Erfolge.
- Sie weiß, wie man einen Schüler auf freundliche Art zurechtweist!

Lehrer als Vorbild
BPR

self-fulfilling prophecy

Wir haben bei mehreren Unterrichtsbeobachtungen mitzuzählen versucht, wie oft diese Lehrerin in einer Schulstunde etwas Negatives zu einem Schüler sagt. Raten Sie mal, wie oft das der Fall war – kein einziges Mal! Und glauben Sie uns, sie hatte Schüler in der Klasse, die jeden anderen Lehrer zur Weißglut gebracht hätten. Doch diese Lehrerin ließ sich niemals von ihrem Ziel ablenken, ihren Schülern zum Erfolg zu verhelfen. Auf die Frage, wie es ihr gelinge, im Unterricht immer positiv und gut gelaunt zu sein, antwortete sie:

Für Negatives ist in einer solchen Klasse einfach kein Platz. Das Letzte, was diese Schüler in ihrem Leben brauchen können, ist ein weiterer negativer Einfluss. Also verbiete ich mir selbst von vornherein alles Negative, weil ich weiß, dass ich damit nichts erreiche.

Wir können Ihnen nur empfehlen, es genau wie diese Lehrerin zu halten: Versuchen Sie ganz bewusst, die Erfolge Ihrer Schüler herauszustreichen.

Quintessenz

Wenn Sie einem Schüler zum Erfolg verhelfen wollen, sollten Sie ihm zuallererst ein Erfolgserlebnis verschaffen, auf dem Sie aufbauen können. Führen Sie den Schüler dann von kleinen Erfolgen mit jeder Schulstunde einen Schritt weiter auf dem Weg zu größeren Erfolgen, und Sie werden sehen, dass der Erfolg schließlich zum Selbstläufer wird. Die positive Wirkung auf die Disziplin wird nicht ausbleiben.

Gibt es für Schüler/Lehrer Role Models?

12 Begeisterung ist ansteckend

Denkanstoß

Erfolg kann zum Selbstläufer werden, und genauso ist es auch mit der Begeisterung. »**Nichts ist so ansteckend wie Begeisterung**«, hat Samuel Taylor Coleridge einmal gesagt. Wenn man sich lange genug in der Gegenwart eines enthusiastischen Menschen aufhält, ist es fast unmöglich, nicht mit seiner Begeisterung infiziert zu werden. Aber auch lustlose Menschen sind ansteckend. Es ist fast unmöglich, längere Zeit mit ihnen zu verbringen, ohne selbst deprimiert zu werden.

Beobachten Sie mal bei einer Sportveranstaltung die Trainer und Cheerleader. Sie werden kaum jemanden entdecken, der nicht enthusiastisch bei der Sache ist. Lassen Sie die Augen über die Zuschauerränge schweifen, und schauen Sie sich an, wie begeistert die Zuschauer sind, allen voran die Eltern und Freunde der Spieler. Beobachten Sie, mit welcher Leidenschaft die Spieler auf dem Feld zu Werke gehen. Schlendern Sie dann zum Vergleich mal durch die Korridore einer Schule. Begegnet Ihnen da dieselbe Begeisterung? Bedauerlicherweise werden Sie in allzu vielen Schulen wenig davon spüren.

Lösungen und Strategien für Ihren Unterricht

Wenn Sie sich ehrlich fragen: »Wie begeistert wirke ich an einem durchschnittlichen Schultag auf meine Schüler?«, so wird die Antwort vermutlich lauten: »Viel zu wenig.« Da wir unseren Beruf als Lehrer sehr ernst nehmen, wirken wir oft viel zu ernst. Dabei stellen wir immer wieder fest, dass **die enthusiastischsten Lehrer am wenigsten Disziplinprobleme** haben.

Verstehen Sie uns nicht falsch: Wir wollen damit nicht sagen, dass ein guter Lehrer kein Fachwissen und keine pädagogischen und didaktischen Kenntnisse brauche. Natürlich braucht er das. Aber ein begeisterter Lehrer mit durchschnittlichen didaktischen Kenntnissen wird viel erfolgreicher sein als ein leidenschaftsloser Lehrer mit überdurchschnittlicher fachlicher und methodischer Kompetenz. Das wird Ihnen jeder Schulleiter bestätigen. Und jeder Schüler!

Es ist einer der ältesten »Tricks«, die wir in diesem Buch vorstellen, und alle guten Lehrer wenden ihn an: Sie geben sich stets fröhlich und enthusiastisch. Dabei ist es ganz egal, ob sie das auch tatsächlich sind – die Schüler werden den Unterschied nicht bemerken. Natürlich hat auch der beste Lehrer mal einen schlechten Tag. Aber er weiß es vor seinen Schülern zu verbergen. Man nennt das Professionalität.

Sie bezweifeln, dass Ihre Begeisterung derart ansteckend wirken kann? Dann machen Sie die Probe aufs Exempel, und geben Sie sich einen Schultag lang bewusst enthusiastisch. Begrüßen Sie Ihre Schüler besonders herzlich, und unterrichten Sie mit Leidenschaft für die Sache. Versuchen Sie den Eindruck zu vermitteln, heute sei der schönste Tag Ihres Lebens. Wir garantieren Ihnen, dass Sie einen Unterschied feststellen werden: in Ihrer eigenen Einstellung, in der Einstellung Ihrer Schüler und im Verhalten Ihrer Schüler. Der Erfolg dieses kleinen Experiments, da sind wir absolut sicher, wird Sie überzeugen, und Sie werden es fortan immer so machen. Probieren Sie es aus! Sie haben nichts zu verlieren und viel zu gewinnen.

Quintessenz

Je größer die Begeisterung, mit der Sie zu Werke gehen, desto enthusiastischer werden auch Ihre Schüler sein. Und machen wir uns nichts vor: Wenn Sie es nicht schaffen, in der Gegenwart von Kindern enthusiastisch zu sein, haben Sie den Beruf verfehlt. Ein begeisterungsfähigeres Publikum als Kinder gibt es nicht! Probieren Sie es aus – Sie werden begeistert sein!

13

Haken Sie nach

Warum ?
– störne
– deviant
– feuil

Denkanstoß

Oft heißt es, wenn wir die »Gründe« für das Fehlverhalten unserer Schüler kennen würden, wären wir in neun von zehn Fällen nicht wütend, sondern einfach nur traurig. Aber allzu oft sind wir wütend oder frustriert, erlegen dem Schüler eine Strafe auf und fordern ihn geradezu heraus, sich erneut danebenzubenehmen. Dabei vergessen wir das Wichtigste – die Frage nach dem »Warum«.

+ ≠ nicht persönlich nehmen

Lösungen und Strategien für Ihren Unterricht

In einem Experiment haben wir Lehrer dazu angehalten, nachzuhaken und die Gründe für das Fehlverhalten ihrer Schüler herauszufinden. Die Methode ist einfach: Stört ein Schüler den Unterricht, so bleiben Sie ganz gefasst und nehmen ihn beiseite. Sprechen Sie ganz ruhig mit ihm und fragen Sie ihn, warum er sich so verhalten hat. Achten Sie darauf, dass Ihre Frustration Ihre Bemühungen nicht torpediert.

Wenn dem Schüler nichts anderes einfällt als das übliche »Weiß nicht«, dann sagen Sie einfach: »Okay, dann denk darüber nach, und wir sprechen später noch einmal darüber. Vielleicht fällt es dir ja wieder ein.« Machen Sie diese Ankündigung auch wirklich wahr, und sprechen Sie ihn noch einmal darauf an. In den meisten Fällen werden Sie feststellen, dass es einen ganz bestimmten Grund für das Fehlverhalten des Schülers gibt.

Im Rahmen unseres Experiments waren die Lehrer erstaunt, was sie alles erfuhren, indem sie nachhakten und nach den Gründen fragten. Und nicht selten waren sie betroffen, was die Schüler ihnen alles erzählten.

Achtung : Grenze Therapie

Manche unserer Schüler kämpfen mit Problemen, die jedes Kind überfordern würden. Sie müssen sich mit Schwierigkeiten auseinandersetzen, die einem Kind eigentlich erspart bleiben sollten. In einer solchen Lage kann ein Schüler von Glück sagen, wenn er einen verständnisvollen Lehrer hat.

Quintessenz

Wenn ein Schüler den Unterricht stört, hat das in der Regel einen Grund. Oft ist das Fehlverhalten ein Hilferuf. Wenn Sie den Grund kennen, können Sie dem Schüler besser helfen und dafür sorgen, dass sich sein Verhalten in Zukunft bessert. Es gibt eine einfache, stressfreie und effektive Methode, die Ursachen für ein Disziplinproblem herauszufinden: **Haken Sie nach!**

Schüler/Kinder brauchen jemanden zum Reisen
= Wachsen
≠ persönlich

14 Humor ist die halbe Miete

Denkanstoß

»Lachen ist die beste Medizin«, sagt der Volksmund, und wissenschaftliche Studien bestätigen das. **Lachen sorgt für weniger Stress und niedrigeren Blutdruck, stärkt das Immunsystem und bewirkt im Gehirn die Ausschüttung von Endorphinen. Außerdem hilft uns Lachen, positive Beziehungen zu anderen aufzubauen.** Lachen hebt die Laune. Und wenn Menschen besser gelaunt sind, lernen sie leichter. Wer fröhlich ist, kommt besser mit den Problemen und Belastungen zurecht, von denen niemand verschont bleibt.

In einem Klassenzimmer, in dem viel gelacht wird, herrschen ein viel angenehmeres Lernklima und viel mehr Disziplin als in einem Klassenzimmer, in dem es bierernst zugeht. Leider gibt es viel zu viele Klassenzimmer, in denen kaum gelacht wird.

Wir haben fünf Lehrer befragt, in deren Unterricht Lachen an der Tagesordnung ist, und fünf, die Lachen aus ihrem Klassenzimmer verbannt haben. Unsere Frage lautete: »Was ist Ihre Meinung zu Lachen im Unterricht?« Hier ihre Antworten:

- »Lachen spielt im Unterricht eine ganz entscheidende Rolle. Lachen hebt die Laune und trägt dazu bei, dass die Schüler sich in der Klasse wohlfühlen.«
- »Unterrichten ist eine sehr ernste Angelegenheit. Lachen können die Schüler in der Pause. Im Unterricht sollen sie etwas lernen.«
- »Wenn ich meinen Schülern erlaube, im Unterricht zu lachen, sind sie nicht mehr zu bremsen. Das ist alles Zeit, die mir am Ende der Stunde fehlt.«

- »Ich unterrichte jetzt schon seit 20 Jahren, und in all den Jahren gab es keinen einzigen Tag, an dem ich nicht mit meinen Schülern gelacht hätte. Schüler brauchen Humor, und Erwachsene genauso.«
- »Wenn mir jemand verbieten würde, im Unterricht zu lachen, würde ich den Job sofort an den Nagel hängen. Unterricht ohne Humor ist für mich undenkbar. Aber ich kenne etliche Lehrer, die das ganz anders sehen.«
- »Wer Lachen im Unterricht nicht unterbindet, sollte sich über Disziplinprobleme nicht wundern. Selbst in einem ernsten Klima ist es schwierig genug, die Schüler bei der Stange zu halten.«
- »Dass im Unterricht gelacht wird, ist nicht nur für meine Schüler wichtig, sondern auch für mich. Ich lache für mein Leben gern, und meine Schüler finden es wunderbar, wenn ich mit ihnen lache. Und egal, was manche Lehrer behaupten: Es stimmt nicht, dass Lachen die Ursache für Disziplinprobleme ist. Schüler, die im Klassenzimmer einer Kollegin außer Rand und Band sind, wissen sich bei mir im Unterricht zu benehmen. Bei meiner Kollegin ist Lachen verpönt, und die Schüler finden das furchtbar.«
- »Ich glaube, Humor ist im Grunde eine gute Sache, aber ich habe Angst, die Kontrolle über meine Schüler zu verlieren, wenn ich sie im Unterricht lachen lasse. Deshalb achte ich darauf, dass es in meinen Stunden ernst zugeht.«
- »Ich verstehe nicht, wie manche Lehrer den ganzen Tag so unglaublich ernst sein können. Sie sind unglücklich, und das überträgt sich auch auf die Schüler. Ich lache furchtbar gern mit meinen Schülern. Aber sie wissen, wann Lachen angebracht ist und wann nicht, und deshalb hatte ich noch nie Probleme deswegen.«
- »Meine Schüler wissen nicht, wann es an der Zeit ist, wieder ernsthaft zu arbeiten. Lachen im Unterricht kommt für mich daher nicht in Frage.«

Wir haben allen zehn Lehrern einen Unterrichtsbesuch abgestattet. Typisch für die fünf Lehrer, bei denen gelacht werden durfte, waren:
- fröhliche Schüler
- fröhliche Lehrer
- Wissbegierde

- kaum Disziplinprobleme
- motivierte Schüler
- motivierte Lehrer
- Schüler, die Freude am Lernen hatten
- Lehrer, die Freude am Unterrichten hatten
- angenehmes Klassenklima

Dagegen begegneten uns in den fünf Klassen, in denen Lachen ein Fremdwort war:
- unzufriedene Schüler
- unzufriedene Lehrer
- Desinteresse
- erhebliche Disziplinprobleme
- unmotivierte Schüler
- unmotivierte Lehrer
- Schüler, die keine Freude am Lernen hatten
- Lehrer, die keine Freude am Unterrichten hatten
- ein schlechtes Klassenklima

So weit zu den Erkenntnissen über die Funktion des Lachens und über Klassenzimmer mit und ohne Humor. Welche Schlüsse können wir daraus für den Unterricht ziehen?

Lösungen und Strategien für Ihren Unterricht

Schauen Sie sich an, was wir in Klassenzimmern mit unterschiedlichem Umgang mit Humor festgestellt haben, und beobachten Sie sich unter diesem Aspekt einmal selbst beim Unterrichten. Achten Sie darauf, wie oft Sie und Ihre Schüler im Verlauf einer Stunde lachen und Spaß haben. (Wir reden hier natürlich nicht von Situationen, in denen ein Schüler von Ihnen oder seinen Mitschülern ausgelacht wird.)

Versuchen Sie bewusst, mehr zu lachen, häufiger zu lächeln, öfter einen Witz einzustreuen (ruhig auch mal einen Kalauer) – und schaffen Sie auf diese Weise eine fröhlichere Atmosphäre! Das ist eines der einfachsten Rezepte für mehr Disziplin im Unterricht.

Eine 86-Jährige, die 45 wunderbare Jahre ihres Lebens als Lehrerin tätig war, weihte uns in einige ihrer Erfolgsgeheimnisse ein:

Ich weiß, dass ich all die Jahre viele, viele Fehler gemacht habe, aber eine meiner besten Gewohnheiten war, jeden Tag mit meinen Schülern zu lachen. Die ersten fünf Minuten jeder Unterrichtsstunde waren bei mir für Witze reserviert. Ich erzählte meinen Schülern Witze und ließ mir von ihnen Witze erzählen. Dabei stellte ich klare Regeln auf, welche Arten von Witzen angemessen waren und welche nicht, sodass es diesbezüglich nie Probleme gab. In der Rückschau gehören diese fünf Minuten zu den Dingen, auf die ich am stolzesten bin. Lachen ist so wichtig!

Quintessenz

Wenn Sie mit Ihren Schülern lachen können, ist das schon die halbe Miete. Wenn Sie für ein gutes Klassenklima sorgen, in dem viel gelacht wird, gehört mindestens die Hälfte Ihrer Probleme der Vergangenheit an. Wenn Sie uns das nicht glauben, wird es höchste Zeit, dass Sie mal wieder aus vollem Herzen lachen!

15

Sind die Schüler das Problem oder Ihr Unterricht?

Beziehung = Schlüssel

Denkanstoß

Zwei Lehrerinnen, Frau Armdran und Frau Frohgemut, unterhalten sich vor Unterrichtsbeginn auf dem Flur. Frau Armdran klagt über drei ihrer Schüler: den frechen Friedrich, den faulen Fabian und die gemeine Gesine. Frau Frohgemut sagt nichts dazu. Sie kennt die drei Schüler ebenfalls, aber nur als fröhlichen Friedrich, fleißigen Fabian und gescheite Gesine. Sie kann gar nicht glauben, dass diese wunderbaren Schüler überhaupt anstellen können, was Frau Armdran ihr so alles über die drei erzählt. Das heißt, na ja, nach allem, was sie über Frau Armdran gehört hat, ist die Vorstellung vielleicht gar nicht so abwegig.

Wie kommt es, dass manche Schüler bei dem einen Lehrer ständig den Unterricht stören und bei dem anderen eifrig bei der Sache sind? **Immer wieder stellen wir fest, dass Schüler sich bei unterschiedlichen Lehrern ganz unterschiedlich benehmen.** Wenn wir so etwas beobachten, ist das ein Hinweis darauf, dass das Problem nicht beim Schüler liegt. *Antwort:* In einem Klassenzimmer kann es zwei Ur- *Bestrafung* sachen für Probleme geben: die Schüler und die Lehrer. Wir würden in diesem Zusammenhang nie die Lehrer anführen, weil wir davon überzeugt sind, dass die meisten Lehrer nach bestem Wissen und Gewissen handeln. Allerdings suchen manche Lehrer den Fehler reflexartig bei den Schülern, sobald Probleme auftauchen. Diese Lehrer wissen nicht, dass es ein paar ganz einfache Unterrichtsstrategien gibt, mit denen sie zu einem anderen, besseren Verhalten der Schüler beitragen können.

an alle Eltern

Bevor Sie davon ausgehen, dass die Ursache eines Problems beim *Schüler* liegen könnte, müssen in Ihrem Unterricht folgende Punkte gewährleistet sein:

- Die Arbeitsabläufe sind klar.
- Der Unterricht ist gut strukturiert.
- Der Lehrer hat ein gutes Verhältnis zu den Schülern und legt eine Begeisterung für den Stoff an den Tag, die ansteckend wirkt.
- ~~Es gibt keinen Leerlauf.~~
- Der Lehrer achtet darauf, dass alle Schüler Erfolgserlebnisse haben.
- Die Unterrichtsstunden sind gründlich vorbereitet, stellen einen Bezug zur Lebenswirklichkeit der Schüler her und berücksichtigen das Prinzip der Handlungsorientierung.
- Alle Schüler werden mit Respekt behandelt.
- Der Lehrer lässt sich nicht darauf ein, wenn die Schüler versuchen, seine Grenzen auszutesten.

Schauen Sie sich diese Liste gut an und fragen Sie sich, ob in Ihrem Unterricht jede einzelne dieser Bedingungen erfüllt ist. Wenn auch nur eine nicht gegeben ist, müssen Sie daran arbeiten. Erst dann können Sie feststellen, ob das Problem bei den *Schülern* liegt. (In vielen Fällen werden Sie zu dem Ergebnis kommen, dass eine oder mehrere dieser Voraussetzungen in Ihrem Unterricht nicht erfüllt sind.)

Lösungen und Strategien für Ihren Unterricht

Punkt ih Seminar

Machen Sie anhand der obigen Liste eine ehrliche Bestandsaufnahme Ihres Unterrichts und Ihres Lehrerverhaltens: Ist in Ihrem Unterricht eine dieser Grundbedingungen nicht gegeben? Nehmen wir an, die Arbeitsabläufe in Ihrem Unterricht sind klar, Sie sind stets gut vorbereitet, Sie treten den Schülern in der Regel positiv gegenüber, Sie sorgen dafür, dass sie immer gut beschäftigt sind, usw. Aber ab und zu, und sei es noch so selten, springen Sie auf das Fehlverhalten eines Schülers an. Mit »anspringen« meinen wir nicht »einschreiten«, sondern Reaktionen wie einen Stoßseufzer oder einen verzweifelten Blick an die Decke. Vielleicht beißen Sie auch beim Sprechen die Zähne zusammen, oder Sie bekommen »so einen Hals« (Ihre Halsschlagader tritt hervor). Sie wissen schon, was wir meinen. Das soll kein Vorwurf sein, schließlich ist so ziemlich jeder Lehrer schon in der einen oder anderen Form auf Schülerverhalten »angesprungen«. Das Problem ist nur: Wir tun uns mit solchen Reaktionen keinen Gefallen. Ganz im Gegenteil.

Gehen Sie deshalb wie folgt vor: Greifen Sie aus obiger Liste einen Punkt heraus, der für Ihren Unterricht nicht zutrifft. Auch wenn Sie mehrere Punkte feststellen, an denen Sie arbeiten sollten: Konzentrieren Sie sich auf einen. Widmen Sie sich einen ganzen Schultag lang diesem einen Problem. Nehmen wir an, Sie sind häufig nicht gut vorbereitet. Können Sie morgen perfekt vorbereitet sein? Nein. Können Sie besser vorbereitet sein als sonst? Durchaus. Wir wollen Ihnen nicht dabei helfen, perfekt zu werden, sondern besser zu werden. Wenn Sie in diesem Punkt Fortschritte gemacht haben, nehmen Sie sich den nächsten Punkt vor. Arbeiten Sie sich so langsam durch die Liste, bis in Ihrem Unterricht alle Bedingungen erfüllt sind. Sie werden sehen, dass sich das Verhalten Ihrer Schüler deutlich verbessert!

Quintessenz

Wenn der Unterricht gut vorbereitet und organisiert ist, der Lehrer ein gutes Verhältnis zu seinen Schülern hat und die Schüler aktiv am Unterricht beteiligt sind und Erfolgserlebnisse haben, gibt es kaum Disziplinprobleme. Falls doch, liegt die Ursache meist bei den Schülern. Bevor Sie ein Problem erfolgreich lösen können, müssen Sie korrekt diagnostizieren, was die Ursache ist.

In diesem Kapitel haben wir Ihnen einen Leitfaden an die Hand gegeben, wie Sie der Ursache eines Problems auf den Grund gehen können. Stellen Sie mithilfe dieses Leitfadens fest, dass das Problem im Unterricht begründet ist, so passen Sie Ihr Vorgehen als Lehrer entsprechend an. Stellen Sie dagegen fest, dass das Problem beim Schüler liegt, klären Sie es mit dem Schüler.

Aber vergessen Sie nicht: Eine der wirkungsvollsten Strategien, das Verhalten eines Schülers positiv zu beeinflussen, besteht darin, sich selbst unter Kontrolle zu haben und frustrierte Reaktionen zu vermeiden. Selbst bei sehr erfolgreichen Lehrern genügt oft eine kleine Verhaltensänderung seitens des Lehrers, um die meisten Disziplinprobleme zu lösen.

16

Lernen Sie, worüber Sie besser hinwegsehen sollten

Burnout-Prävention

Handlungsalternative

Denkanstoß

→ Wo ticken Sie aus?
Wo beginnt Stress

Ein hingeworfener Fehdehandschuh ist das eine. Damit ein Duell daraus wird, muss der andere den Handschuh aufnehmen. Im Unterricht gilt das umso mehr. Schüler sind nun einmal Kinder, und Kinder brauchen jede Menge Aufmerksamkeit. Lehrer müssen sich daher entscheiden, welche Art von Aufmerksamkeit sie ihren Schülern zuteil werden lassen – und vor allem, wann sie das tun (und wann nicht).

Sobald ein Schüler merkt, dass er ihre (positive oder negative) Aufmerksamkeit bekommen kann, wann immer ihm danach ist, wird er bald alles daransetzen, ständig im Mittelpunkt zu stehen und Sie nach seiner Pfeife tanzen zu lassen. Deshalb kommt es darauf an, dass Sie Herr der Lage sind, nicht die Schüler.

Damit Sie die Kontrolle darüber behalten, wann Sie einem Schüler Ihre Aufmerksamkeit widmen und welche Art von Aufmerksamkeit Sie ihm zukommen lassen, müssen Sie eines der wichtigsten Erfolgsgeheimnisse guten Unterrichts lernen: Sie müssen lernen, worüber Sie besser hinwegsehen sollten – beziehungsweise wann Sie so tun sollten, als hätten Sie nichts gesehen. Die besten Lehrer lösen so manches Problem dadurch, dass sie es einfach ignorieren. Denn sie wissen: In manchen Situationen kann man nichts Besseres tun, als nichts zu tun!

Lösungen und Strategien für Ihren Unterricht

Viele Lehrer neigen dazu, die ganze Klasse mitten in einer Aktivität zu unterbrechen und den gesamten Unterrichtsfluss anzuhalten, um einen einzigen Schüler zurechtzuweisen. Natürlich gibt es Situationen, wo ein solches Vorgehen angemessen ist. Wenn beispielsweise ein Schüler seinen Sitznachbarn schlägt, ist es absolut angemessen, alles stehen und liegen zu lassen und einzuschreiten.

Allerdings stellen wir immer wieder fest: **In mehr als der Hälfte aller Fälle, in denen Lehrer den Unterricht unterbrechen, um ein Disziplinproblem zu lösen, wäre es besser, das Problem einfach zu ignorieren.**

Dazu ein paar Beispiele: Wenn ein Schüler mit dem Bleistift auf seinem Pult herumklopft, um Ihre Aufmerksamkeit zu erregen, sollten Sie am besten gar nicht darauf reagieren. Wenn Sie die Schüler auffordern, ihre Bücher herauszuholen, und ein einziger Schüler die Anweisung missachtet (wiederum mit dem Ziel, Ihre Aufmerksamkeit auf sich zu lenken), sollten Sie darüber ebenfalls geflissentlich hinwegsehen. Reagieren Sie nämlich darauf und regen Sie sich auf, so ist die Wahrscheinlichkeit groß, dass er sein Buch beim nächsten und übernächsten Mal erst recht nicht herausholen wird. Ein weiteres Beispiel ist ein Schüler, der in seinem Heft herumkritzelt, anstatt den ihm erteilten Arbeitsauftrag auszuführen.

Manchmal ist es in solchen Situationen das Beste, die Aufmerksamkeit des Schülers auf etwas anderes zu lenken, anstatt auf seine mangelnde Beteiligung am Unterrichtsgeschehen einzugehen. Zu diesem Zweck könnten Sie ihm eine Frage stellen wie: »Billy, könntest du mir einen kleinen Gefallen tun, wenn du mit der Aufgabe fertig bist?« Sie werden überrascht sein, wie gut diese Methode wirkt. Im Grunde tun Sie einfach so, als hätten Sie seine Unaufmerksamkeit gar nicht bemerkt, aber in Wirklichkeit haben Sie eine besonders effektive Methode angewandt, um ihn zur Ordnung zu rufen. Hier einige Beispiele für Dinge, über die die besten Lehrer einfach hinwegsehen:

- Geräusche, die Schüler machen, um die Aufmerksamkeit des Lehrers einzufangen
- Schüler, die lustlos auf ihren Stühlen herumlümmeln
- Tagträumerei
- hingemurmelte Bemerkungen, die den Lehrer auf die Palme bringen sollen
- Schüler, die Bücher auf ihr Pult knallen, weil sie sich über etwas ärgern
- Schüler, die genervt dreinschauen
- zwei Schüler, die sich ab und zu etwas zuflüstern oder miteinander lachen

Quintessenz

Wenn Sie lang genug suchen, werden Sie immer einen Grund finden, einen Schüler zu ermahnen. Und wenn Sie den Unterricht unterbrechen, sobald es einen Augenblick nicht mucksmäuschenstill ist, kommen Sie nie zum Unterrichten. Sehen Sie also über möglichst viel hinweg, und schreiten Sie nur ein, wenn es wirklich nötig ist. Wenn Sie den Fehdehandschuh nie aufnehmen, werden die Schüler es bald leid sein, Ihnen den Fehdehandschuh hinzuwerfen.

17 Wenn Sie ins Schwitzen kommen, haben Sie schon verloren!

authentisch sein!

Denkanstoß

Kinder sind Kinder, keine kleinen Erwachsenen. Manchmal können sie einem ganz schön auf die Nerven gehen. Aber das ist nichts Neues. Als wir uns für den Lehrberuf entschieden haben, wussten wir, worauf wir uns einlassen. Und doch vergessen wir von Zeit zu Zeit, dass unsere Schüler nun einmal Kinder sind und sich wie Kinder benehmen. Im Laufe des Erwachsenwerdens müssen Kinder lernen, ihr Tun und Lassen zu kontrollieren. Auf diesem Weg brauchen sie Vorbilder, damit sie sehen, wie es aussieht, wenn sich jemand im Griff hat. Wir sind die Erwachsenen, und daher fällt uns die Aufgabe zu, ihnen ein Vorbild zu sein. Um dieser Rolle gerecht zu werden, müssen wir im Umgang mit Kindern die Kontrolle über unser Tun und Lassen behalten.

Lösungen und Strategien für Ihren Unterricht

Der mit Abstand größte Fehler, den ein Lehrer im Unterricht machen kann, ist, seine Schüler spüren zu lassen, dass er sich über ihr Verhalten ärgert. Anders ausgedrückt: Er verliert die Kontrolle über seine Gefühle – und damit über sich selbst.

Wenn die Schüler das Gefühl haben, sie haben Sie »gekriegt«, haben Sie schon verloren. Wenn sie wissen, wie sie Sie am besten ärgern und bis aufs Blut reizen können – mit anderen Worten: Wenn sie wissen, wo Ihre wunden Punkte sind, gibt es kein Halten mehr.

Aber Moment mal – wer hat ihnen denn gezeigt, was Ihre wunden Punkte sind? Sie selbst! Nur wenn man einen wunden Punkt kennt, kann man ihn ausnutzen. Die Wurzel des Übels ist der Augenblick, in dem Sie Ihren Schülern zeigen, dass Sie wunde Punkte haben.

Die Lösung ist also einfach: Ihre Schüler dürfen gar nicht erst erfahren, dass Sie so etwas wie einen wunden Punkt haben! Sie müssen die Schüler glauben machen, dass Sie zu den Lehrern gehören, die gar nicht wissen, was ein »wunder Punkt« überhaupt ist. Sobald Sie sie davon überzeugt haben, lassen sie Sie in Ruhe und treiben ihre Späße mit einem Ihrer armen, ahnungslosen Kollegen.

Was also tun Sie, wenn ein Schüler Ihnen wirklich auf die Nerven geht und Sie reizt bis aufs Blut? Sie bleiben ganz ruhig und gefasst und gehen ganz rational mit seinem Fehlverhalten um. Genau so halten es die erfolgreichsten Lehrer. Was immer auch passiert – ein guter Lehrer vermittelt stets den Eindruck, Herr der Lage zu sein, und deshalb hat er sehr selten Disziplinprobleme. Verstehen Sie uns nicht falsch. Auch gute Lehrer sind Menschen und haben genauso ihre Fehler und Schwächen wie ihre weniger erfolgreichen Kollegen. Aber sie wissen ihre wunden Punkte vor ihren Schülern zu verbergen. Das ist natürlich alles andere als einfach. Aber es funktioniert!

Das Gleiche gilt, wenn ein Schüler Ihnen eine Frage stellt, die nichts mit dem Thema zu tun hat, und Sie damit auf dem falschen Fuß erwischt. In einem solchen Fall weiß der Schüler in der Regel sehr genau, was er tut, und versucht, Sie ins Schwitzen zu bringen. Was sollten Sie also tun, wenn ein Schüler eine Frage stellt, die nichts mit dem Unterrichtsthema zu tun hat oder ihn nichts angeht? Stellen Sie ihm einfach eine Gegenfrage: »Warum fragst du?« Indem Sie seine Frage mit einer Gegenfrage beantworten, wirken Sie weder schockiert noch verärgert. Sie kommen nicht ins Schwitzen. Sie fragen einfach, was der Schüler mit seiner Frage bezweckt. Probieren Sie es aus!

Quintessenz

Schulebild ???

Sobald ein Schüler merkt, dass er Sie einmal ins Schwitzen gebracht hat, gibt es kein Halten mehr. Fortan wird er alles tun, um Sie erneut und noch mehr ins Schwitzen zu bringen. Deswegen dürfen Sie Ihre Schüler unter gar keinen Umständen spüren lassen, dass Sie verärgert oder persönlich beleidigt sind. Das heißt natürlich nicht, dass Sie das Verhalten nicht sanktionieren dürften. Aber tun Sie es ruhig und gefasst. Werden Sie einer von diesen guten Lehrern, die keine wunden Punkte haben – zumindest keine, von denen ihre Schüler wissen. Bleiben Sie ganz cool, und lassen Sie es sich niemals anmerken, wenn Sie ins Schwitzen kommen!

18 Dem Mobbing keine Chance geben

Denkanstoß

Es gibt fast nichts Schlimmeres für einen Schüler, als gemobbt zu werden. Oft reden Mobbing-Opfer nicht über Mobbing und leiden still: weil es ihnen peinlich ist, weil sie die Schuld bei sich selbst suchen oder weil sie die Rache ihrer Peiniger fürchten. Lehrer müssen daher sehr genau darüber wachen, dass bei ihnen im Unterricht oder auf dem Schulhof kein Kind gemobbt wird.

Gründe dafür, dass Kinder ihre Klassenkameraden mobben, gibt es viele. Oft handelt es sich um erlerntes Verhalten, und der Täter ist zu Hause selbst schikaniert worden. In anderen Fällen handelt es sich um einen Hilferuf. Manchmal liegt die Ursache in dem Bedürfnis, Macht über andere auszuüben, möglicherweise aus dem Wunsch heraus, die Hilflosigkeit in anderen Lebensbereichen auszugleichen. Bisweilen ist es auch ein Bandenphänomen. Unabhängig davon, was die Ursache ist: **Mobbing ist eine Form aggressiven Verhaltens, die nicht toleriert werden sollte.**

Eine Schlüsselrolle beim Umgang mit Mobbing kommt einer erhöhten Sensibilität des Lehrers zu. Wenn der Lehrer nicht rechtzeitig einschreitet, können die Täter sich zu regelrechten Stars entwickeln und eine eigene Fangemeinde aufbauen. Disziplinprobleme bleiben dann natürlich nicht aus. **Lehrer müssen das Problem im Keim ersticken, indem sie ein Bewusstsein für diese Problematik entwickeln, mit Tätern und Opfern reden und mit vorbeugenden Maßnahmen dem Mobbing gezielt entgegentreten.**

Lösungen und Strategien für Ihren Unterricht

Eine der einfachsten Möglichkeiten, dieses Problem zu entschärfen, besteht darin, mit der ganzen Klasse über das Thema Mobbing zu diskutieren. Am besten geschieht das zu Beginn des Schuljahrs, möglichst bevor ein solches Verhalten überhaupt auftritt. Dadurch können Sie bei den Schülern das Bewusstsein schärfen und ihnen Strategien an die Hand geben, wie sie sich im Falle eines Falles verhalten sollten.

Sprechen Sie darüber, was Mobbing ausmacht, über die Rolle von Täter und Opfer, und diskutieren Sie mit Ihren Schülern, wie es sich anfühlt, von anderen gemobbt zu werden. Fragen Sie die Schüler, warum manche Kinder ihrer Meinung nach andere mobben. Schärfen Sie ihnen ein, dass Opfer von Mobbing die Schuld nicht bei sich suchen sollten.

Zeigen Sie ihnen Wege auf, potenziell brisante Situationen zu entschärfen. Oft ist es beispielsweise ratsam, einfach den Rückzug anzutreten. In anderen Fällen ist es besser, Blickkontakt zu halten. Wichtig dabei ist, ruhig zu bleiben. Es ist zwar nicht immer leicht, gefasst zu bleiben, während jemand die Kontrolle über sich verliert, aber man wird einen Brand niemals dadurch löschen, dass man Öl ins Feuer gießt. Wird jemand gemobbt, so ist es richtig (und sollte nicht als Petzen betrachtet werden), wenn das Opfer und/oder jeder, der Zeuge des Mobbings wird, das Problem mit einem Lehrer bespricht. Der Lehrer kann dann über das weitere Vorgehen entscheiden und gegebenenfalls den Beratungslehrer, die Schulleitung oder die Eltern hinzuziehen.

Sprechen Sie darüber, dass Mobbing häufig schlimmer wird, wenn man nichts dagegen unternimmt, und dass man sich deswegen mit Mobbing sofort auseinandersetzen sollte. Um zu üben, wie man sich zur Wehr setzt, bieten sich in diesem Zusammenhang bei Schülern aller Altersstufen Rollenspiele an. Oft ist es sinnvoll, zu solchen Diskussionen und Übungen den Beratungslehrer hinzuziehen.

Der entscheidende Punkt ist, das Thema offen anzusprechen und deutlich zu machen, dass es sich bei Mobbing um ein weitverbreitetes Problem handelt, damit die Opfer wissen, dass sie

mit ihren Gefühlen und Erfahrungen nicht allein sind. Im Verlauf einer solchen Diskussion wird den Schülern bewusst, dass fast jeder schon einmal in irgendeiner Form gemobbt worden ist.

Was Sie nicht tun sollten, ist, sofort mit der ganzen Klasse darüber zu diskutieren, sobald Sie mitbekommen, dass ein Schüler andere mobbt. In einem solchen Fall empfehlen wir Ihnen, zunächst mit dem Täter und seinem Opfer einzeln zu sprechen. Dabei sollten Sie selbstverständlich herauszufinden versuchen, warum der Täter sich so verhält, ihm die Konsequenzen seines Verhaltens vor Augen führen und ihm angemessenere Wege für den Umgang mit seinen Gefühlen aufzeigen. Dabei können Sie je nach Situation die Schulleitung, die Eltern und/oder den Beratungslehrer einbinden, um das Problem zu lösen.

Daneben sollten Sie sich des Opfers annehmen und ebenfalls unter vier Augen mit ihm sprechen. Unbedingt unter vier Augen! **Immer wieder stellen wir fest, dass viel zu viele Lehrer nicht nur warten, bis tatsächlich jemand gemobbt wurde, sondern erst eingreifen, wenn die Situation bereits eskaliert ist. Die Zeit, die Sie schon im Vorfeld investieren, um das mögliche Auftreten eines solchen Falles durchzusprechen, ist gut angelegt!**

Quintessenz

Wir wollen gar nicht behaupten, wir hätten eine schnelle, einfache Lösung für den Umgang mit Mobbing. Aber Lehrer können dazu beitragen, Mobbing vorzubeugen:

- Sprechen Sie mit der Klasse über Mobbing, bevor es so weit kommt.
- Geben Sie möglichen Opfern von Mobbing Tipps.
- Registrieren Sie Ansätze von aggressivem Verhalten sofort, und handeln Sie sofort.
- Reden Sie mit dem Täter, versuchen Sie, die Gründe für sein Verhalten herauszufinden, und helfen Sie ihm dabei, einen anderen, aggressionsfreien Umgang mit seinen Gefühlen zu entwickeln.
- Informieren Sie gegebenenfalls den Beratungslehrer, die Schulleitung und die Eltern.

- Reden Sie mit dem Täter und dem Opfer jeweils unter vier Augen.
- Versichern Sie dem Opfer, dass es keine Schuld trifft, denn Mobbing-Opfer machen sich oft Selbstvorwürfe.
- Erklären Sie allen Schülern, warum sie sich einem Lehrer anvertrauen sollten, wenn sie Zeuge von Mobbing werden.
- Halten Sie stets nach Anzeichen von Mobbing Ausschau, um alle Kinder in Ihrer Obhut vor Schaden zu bewahren.

Übungseinheiten im kleinsten Kreis

Denkanstoß

Benimmt sich ein Schüler im Unterricht daneben, so rechnet er in der Regel mit einer entsprechenden Reaktion seitens des Lehrers. Sein Publikum (die Klassenkameraden) ist ihm gewiss, und das kostet er aus. Wenn Sie es wie die meisten Lehrer halten und ihn vor den Augen seines Publikums zurechtweisen, so wird sich sein Verhalten in den seltensten Fällen bessern. Normalerweise machen Sie es dadurch nur noch schlimmer. Doch egal, wie sich ein Schüler vor versammelter Mannschaft produziert – **wenn er Ihnen allein gegenübersteht, unter vier Augen, muss er nicht den starken Mann markieren.** Im Folgenden stellen wir Ihnen eine unserer Lieblingsmethoden vor, einem Schüler (egal welchen Alters) ein unerwünschtes Verhaltensmuster abzugewöhnen.

Lösungen und Strategien für Ihren Unterricht

Nehmen Sie den Schüler beiseite und sagen Sie zu ihm: »Wie ich feststelle, fällt es dir schwer, dich an unsere Abmachung zu halten, dass wir uns melden, wenn wir etwas zu sagen haben. Sei nicht so streng mit dir selbst, nur weil du so vergesslich bist. Schau mich an, ich bin längst erwachsen, und trotzdem vergesse ich ziemlich oft etwas. Aber ich weiß auch, wie peinlich es sein kann, wenn man ständig etwas vergisst, vor allem, wenn einem alle Freunde dabei zuschauen. Deshalb mache ich dir ein Angebot: Ich nehme mir heute in der großen Pause Zeit, um mit dir zu üben, damit dir das Melden in Fleisch und Blut übergeht und du es nicht gleich wieder vergisst. Du musst dich dafür nicht bedanken, ich mach das gern. Also dann bis nachher in der Pause.«

Das ist alles. Sie geben also vor zu glauben, der Schüler habe nur vergessen, sich zu melden. Er würde doch bestimmt nie auf die Idee kommen, bewusst gegen eine Regel zu verstoßen? Das Entscheidende ist: Sie dürfen kein bisschen sarkastisch werden und müssen dem Schüler zeigen, dass Sie bereit sind, Ihre eigene Pause zu opfern, um ihm zu helfen. Der kleine, aber feine Unterschied ist: Sie nehmen dem Schüler nicht seine Pause weg, sondern Sie geben Ihre Pause für ihn auf!

Wenn der Schüler dann in der Pause zu Ihnen kommt, sagen Sie: »Danke, dass du gekommen bist. Also. Nehmen wir an, wir wären mitten in einer Unterrichtsstunde, und du möchtest etwas sagen. Zeig mir, was du dann tust.« Sobald der Schüler zögernd die Hand hebt, sagen Sie: »Super! Wir haben noch 15 Minuten Zeit, das zu üben. Was meinst du: Brauchst du noch ein bisschen Übung, oder kannst du es jetzt?« Der Schüler antwortet natürlich: »Ich kann es jetzt.« Darauf Sie: »Spitze. Dann bis morgen! Ach, und solltest du morgen schon wieder vergessen, dich zu melden, dann nehme ich das auf meine Kappe. Das heißt dann, dass ich dir nicht genug Zeit zum Üben gelassen habe. Aber keine Sorge: Notfalls bleibe ich auch nach Schulschluss noch ein bisschen länger. Du musst es mich nur wissen lassen.«

Beachten Sie, dass das Ganze keine Minute dauert und Sie keineswegs auf Ihre Pause verzichten müssen. Falls es an Ihrer Schule nicht möglich ist, dass die Schüler in der großen Pause zu Ihnen kommen, können Sie die Methode auch in einer Freistunde oder in der Mittagspause anwenden.

Vergessen Sie nicht, den Schüler in der nächsten Stunde dabei zu ertappen, dass er *nicht* dazwischenredet, und sich bei ihm zu bedanken. Sollte das Problem dagegen erneut auftreten, bestellen Sie ihn einfach zu einer weiteren Übungseinheit ein. Diese Technik können Sie für ganz unterschiedliche Arten von Fehlverhalten einsetzen.

Ein Letztes noch: Manche Lehrer fragen uns: »Aber was mache ich, wenn der Schüler in der Pause nicht auftaucht?« Die Antwort ist einfach. Sie krallen sich den Schüler auf dem Schulhof und sagen mit einem Lächeln auf den Lippen: »Wie es scheint, hast du vergessen, dass wir beide eine Übungseinheit vereinbart hatten. Auf geht's.«

Quintessenz

Die Strategie, Übungseinheiten unter vier Augen anzusetzen, ist ebenso einfach wie wirkungsvoll. Wer behauptet, dass solche privaten Übungseinheiten nicht funktionieren, hat es offenbar noch nie ausprobiert. Wie sagt man so schön: Übung macht den Meister. Also heißt es üben, üben, üben, und Sie werden sehen, wie die Disziplin in Ihren Klassen immer besser wird.

20 Sprechen Sie schrecklich leise

Denkanstoß

Lombard-Effekt (handwritten)

Die Sache ist die: **Je lauter wir sprechen, desto weniger hören andere uns zu.** Offenbar schreckt eine laute Stimme das Gehirn davon ab *HF* (handwritten) hinzuhören. Das gilt auch im Unterricht. Uns fällt immer wieder auf, das die wirklich guten Lehrer stets mit leiser und angenehm ruhiger Stimme sprechen. Diesen Lehrern ist nämlich bewusst, dass andere dann glauben, dass sie etwas Wichtiges zu sagen haben. Deshalb hört man solchen Leuten zu.

Bei Lehrern, die alles andere als effektiv unterrichten, stellen wir dagegen regelmäßig fest, dass sie viel lauter sprechen. Wenn jemand leise spricht, bringen wir das eher mit Empathie in Verbindung. Spricht jemand laut, vermittelt das eher den Eindruck, derjenige sei verärgert oder erregt.

Das heißt natürlich nicht, dass es nicht Situationen gibt, in denen es angebracht ist, laut zu werden. Ein Trainer am Spielfeldrand sollte nicht flüstern, wenn er von seinen Spielern verstanden werden möchte. Wenn ein Kind vor einen fahrenden Bus läuft, schreien Sie, so laut Sie können. Aber das sind Ausnahmen: Im Unterricht kann ein Lehrer seine Schüler am besten erreichen, wenn er ruhig und sanft spricht.

Stellen Sie sich folgende Situation vor: Ein Schüler ärgert sich über einen Klassenkameraden und fängt einen Streit mit ihm an. Die Auseinandersetzung eskaliert, und der Schüler wird immer wütender. Er schreit den anderen immer lauter an. Nun tritt lautstark der Lehrer auf den Plan …

Der Lehrer schreit den Schüler an, er solle damit aufhören und sich beruhigen. Aber nichts am Vorgehen des Lehrers ist geeignet, die Konfrontation zu entschärfen. Er trägt nichts dazu bei, die Wogen zu glätten, sondern gießt sogar Öl ins Feuer. Das kann nicht funktionieren.

Es gibt nur eine Methode, einen aufgebrachten Schüler zu beruhigen: Man muss ruhig und professionell an die Sache herangehen. Je lauter er wird, desto leiser werden Sie. Das funktioniert übrigens auch bei Erwachsenen! Ohne Brennstoff kann ein Feuer nicht brennen. Gießen Sie kein Öl ins Feuer!

Lösungen und Strategien für Ihren Unterricht

Um herauszufinden, wie laut Sie im Unterricht sprechen, müssen Sie sich selbst zuhören. Finden Sie heraus, wie laut oder leise Ihre Stimme klingt. Sie können auch einen Kollegen oder den Schulleiter bitten, sich einige Minuten hinten in Ihr Klassenzimmer zu setzen und Ihnen Feedback zur Lautstärke Ihrer Stimme zu geben. Noch besser ist, wenn Sie sich auf Video aufnehmen, damit Sie Ihre eigene Stimme anhören können.

Es kommt darauf an, eine Lautstärke zu finden, die andere als ruhig und angenehm empfinden. Konkret: Ihre Stimme sollte gerade eben laut genug sein, dass man Sie in jeder Ecke des Klassenzimmers gut versteht.

Ein weiterer Tipp, den Sie sich von guten Lehrern abschauen können, ist: Beugen Sie sich beim Sprechen leicht nach vorne. Auf diese Weise drücken gute Lehrer mit Körpersprache aus, dass sie etwas sehr Wichtiges zu sagen haben. Weniger Lautstärke bedeutet aber nicht weniger Emphase. Gute Lehrer bringen Ihre Begeisterung für das Unterrichten und für den Lehrstoff einfach mit ruhiger, sanfter Stimme zum Ausdruck.

Wenn sie mit einem wütenden Schüler konfrontiert sind, bleiben gute Lehrer ganz ruhig. Sie sprechen mit fester, aber leiser Stimme. Sie reden mit dem Schüler, anstatt ihn anzuschreien. Oftmals geben sie dem Schüler auch ein paar Minuten Zeit zum Abkühlen, bevor sie mit ihm reden.

Quintessenz

Leise zu sprechen ist ein Zeichen, dass man innerlich ruhig und gefasst ist. Und innere Ruhe ist ansteckend. Eine ruhige Atmosphäre ist ein guter Nährboden für schulische Disziplin. Sprechen Sie also schrecklich leise!

21 Unterricht in kleinen Häppchen macht Appetit

Entwicklung in kleinen Schritten

Denkanstoß

In aller Regel tun wir uns leichter, eine schwierige Aufgabe zu bewältigen, wenn wir einen Schritt nach dem anderen tun. Schielen wir nur auf das Endergebnis, kann es schnell passieren, dass wir uns überfordert fühlen (vgl. hierzu auch Kapitel 39). Nehmen wir uns dagegen einen kleinen Schritt nach dem anderen vor, so erscheint uns dieselbe Aufgabe durchaus machbar.

Nehmen wir als Beispiel eine Geburtstagsparty, die Sie für eine Freundin geben wollen. Wenn Sie immer nur an die Verantwortung denken, die Sie sich damit zusätzlich zu all Ihren anderen Aufgaben aufgeladen haben, werden Sie sich sehr schnell gestresst und überfordert fühlen. Aber wenn Sie sich vor Augen halten, dass Sie noch einen ganzen Monat Zeit haben, und sich für jeden Tag eine kleine Aufgabe vornehmen, werden Sie womöglich feststellen, dass das Ganze nicht nur machbar ist, sondern sogar Spaß macht und Ihnen Selbstvertrauen und Erfolgserlebnisse verschafft.

Wie schafft man ein Puzzle mit 500 Teilen? Ein Puzzle-Teil nach dem anderen. Wie liest man ein Buch? Eine Seite nach der anderen. Wie isst man einen riesigen Bananen-Split? Einen leckeren Löffel nach dem anderen! **Wie verschafft man seinen Schülern Erfolgserlebnisse? Indem man ihnen alles in kleinen, leicht verdaulichen Häppchen präsentiert.**

Lösungen und Strategien für Ihren Unterricht

Nehmen wir an, Ihre Schüler sollen sich in einem Projekt selbst präsentieren. Das Endergebnis soll einem ganz bestimmten, vorgegebenen Format entsprechen und Geschichten, Fotos und Selbstgebasteltes enthalten. Das wird einige Zeit in Anspruch nehmen, daher haben Sie insgesamt vier Wochen dafür eingeplant.

Lehrerin A überschüttet ihre Schüler gleich am Montagmorgen mit einem ganzen Stapel an Informationen. Sie erzählt ihnen, dass sie nun vier Wochen Zeit haben, ein Projekt mit dem Titel »Alles über mich« fertigzustellen, und erläutert ganz genau, was alles dazugehört. Zunächst sind die Schüler durchaus neugierig. Aber je länger die Lehrerin mit ihnen die vierseitige Arbeitsanweisung durchspricht, desto mehr Schüler verlieren das Interesse. Einige schauen sich fragend an, als wollten sie sagen: »Was? Das alles? In vier Wochen? Vergiss es!«

Am Ende der langen Einführung fühlen sich die Schüler völlig überfordert. Die Lehrerin hat ihnen den Appetit verdorben. Was sie da vorgesetzt bekommen haben, schmeckt ihnen nicht, und sie weigern sich, es zu schlucken. Die Lehrerin hat ihnen außerdem nicht einmal ein Beispiel dafür gezeigt, wie das fertige Produkt aussehen könnte! Schließlich gibt sie den Schülern Gelegenheit, Fragen zu stellen, und die Folge ist ein einziges Jammern und Klagen. Die Lehrerin ist sichtlich frustriert, die Schüler nicht minder.

Die einzige gute Nachricht aus Sicht der Schüler ist, dass sie einen ganzen Monat lang Zeit haben. Aber viele werden natürlich bis zur letzten Woche oder gar bis zum letzten Tag vor dem Abgabetermin warten, bevor sie sich überhaupt an die Arbeit machen. Die Eltern werden genervt sein, die Lehrerin wird verärgert sein, weil viele nicht rechtzeitig fertig geworden sind, die Schüler werden schlechte Noten bekommen – den Rest können Sie sich ausmalen.

Lehrerin B begrüßt ihre Schüler am Montagmorgen mit den Worten: »Wenn ihr hört, was wir als Nächstes machen, werdet ihr große Augen machen.« Damit geht sie zur Tür und holt einen

geschafft hese

Mentoren
Schule ohne
Mutterne

ehemaligen Schüler von ihr herein. Michael hat ein schönes, buntes Plakat dabei, das den Titel »Alles über mich« trägt. Er erzählt den Kindern von einem Projekt, an dem er vor einem Jahr just in diesem Klassenzimmer gearbeitet hat. Er spricht über seine Herkunft, seine Familie, seine Interessen und erzählt außerdem eine lustige Geschichte, die ihm letztes Jahr bei einem Ausflug zu einem Vergnügungspark passiert ist. Als er mit seinem Bericht fertig ist, klatschen die Schüler. Die Lehrerin hat ihnen erfolgreich Appetit auf das Projekt gemacht.

Daraufhin dürfen die Schüler in kleinen Gruppen nach vorne kommen und sich das Plakat aus der Nähe anschauen. Die Lehrerin geht derweil herum und legt jedem Schüler eine einseitige Arbeitsanweisung aufs Pult. Nachdem die Klasse Michael mit einem erneuten Applaus verabschiedet hat, erklärt ihnen die Lehrerin, dass sie ab heute alle an einem solchen Projekt arbeiten und unter ihrer Anleitung Schritt für Schritt ihr eigenes Plakat erstellen werden.

Kein einziger Schüler murrt. Vielmehr sind alle begeistert und freuen sich auf das Projekt. In den folgenden Wochen »serviert« die Lehrerin ihnen in kleinen Häppchen die einzelnen Arbeitsaufträge für das Projekt.

viele Wege führe
zum Ziel

Wichtig ist, dass die Schüler immer wieder Wahlmöglichkeiten haben. Da nicht jedes Kind ein kleiner Dichter ist, wird kein Schüler gezwungen, ein Gedicht über etwas zu schreiben, was er erlebt hat. Aber es ist eine von drei Optionen, die für diesen Teil des Projektes zur Auswahl stehen. Bei jedem einzelnen Schritt hat die Lehrerin Wahlmöglichkeiten wie diese eingebaut und geht damit auf die individuellen Fähigkeiten der Schüler ein. In der Arbeitsanweisung von Lehrerin A waren solche Wahlmöglichkeiten nicht vorgesehen.

Nach vier Wochen sind alle Plakate fertig, und kein Schüler hat eine Fünf oder Sechs bekommen. Einige hoffen, dass sie ausgewählt werden, ihr Projekt in einem Jahr der nächsten Klasse vorzustellen, so wie Michael es in ihrer Klasse getan hat. (In Kapitel 39 gehen wir darauf ein, dass manche Schüler bestimmte Aufgaben auch in kleinen Häppchen nicht bewältigen können.)

Quintessenz

Wenn wir unseren Schülern den Stoff in kleinen Häppchen servieren, machen wir ihnen Lust auf mehr. Jemand, der nicht gut in Form ist, tut sich leichter, zunächst zehn Minuten lang zu joggen, als gleich mit einer halben Stunde anzufangen. Und wenn zehn Minuten auch schon zu lang sind, sollte er mit fünf Minuten einsteigen. Jedenfalls wird er sein Trainingsziel viel eher erreichen, wenn er mit einer kurzen Strecke beginnt und die Schwierigkeit allmählich steigert. Mag sein, dass er niemals der beste oder schnellste Läufer weit und breit wird, aber bald wird er ohne Probleme eine halbe Stunde lang laufen können. Bei unseren Schülern ist das nicht anders.

Ein guter Lehrer hält es wie ein guter Koch: Er serviert seinen Schülern den Unterrichtsstoff in mehreren Gängen und gibt ihnen Zeit, jeden einzelnen zu genießen, bevor er zum nächsten übergeht. Wenn Sie sich an dieses Rezept halten, werden Ihre Schüler stets Appetit auf mehr haben!

Ermutigen oder Entmutigen!

22 Die Schüler bei vorbildlichem Verhalten »ertappen«

Ansatz FK

manche Lehrer wollen nicht überrumpft werden, zeig keine Blöße

Denkanstoß

Wir finden bei unseren Schülern das, worin wir sie bestärken.
Dieser Gedanke verdient es, wiederholt zu werden: Wir finden das,
worin wir andere bestärken. Beobachtet man gute Lehrer im Unterricht, so ist auffällig, dass bei ihnen das Ermutigen das Entmutigen,
das Bestärken das Abschrecken deutlich überwiegt. Wirklich gute
Lehrer schaffen es, ihre Schüler stets bei erwünschtem Verhalten zu
»ertappen« und sie auf diese Weise von unerwünschtem Verhalten
abzuschrecken. Sie wissen, wann es besser ist, ein Fehlverhalten zu
ignorieren. Wir haben eine Lehrerin, die über die beneidenswerte
Fähigkeit verfügt, erwünschtes Verhalten bei ihren Schülern zu verstärken, nach ihrem Erfolgsgeheimnis gefragt. Ihre Antwort: »Ich
versuche immer, meine Schüler dabei zu ›ertappen‹, dass sie sich
vorbildlich verhalten.«

Als sie ein Verfahren einführte, um die Aufmerksamkeit ihrer
Schüler auf sich zu lenken (vgl. Kapitel 3), waren beim ersten Versuch mehrere Schüler unachtsam. Doch anstatt sie zu tadeln, sagte
sie: »Toll! Fast alle haben es gleich beim ersten Mal richtig gemacht!«
Dann startete sie einen neuen Anlauf und lobte wiederum diejenigen, die sich vorbildlich verhielten. Beim dritten Mal machten es mit
Ausnahme eines einzigen Schülers alle richtig. Sie tat, als hätte sie
sein Verhalten nicht bemerkt, und fuhr im Unterricht fort.

Ihre Entscheidung, den Schüler bewusst zu ignorieren, war eine
sehr effektive Strategie. Denn der Schüler hatte den Arbeitsablauf
bewusst ignoriert. Er wollte sie nur provozieren. Die Lehrerin wusste

das und ließ sich nicht auf das Spiel ein. Schließlich ging es nicht um ein grobes Fehlverhalten. Hätte der Schüler einen Mitschüler geschlagen, wäre Ignorieren natürlich die falsche Strategie gewesen.

Im Verlauf der gesamten Unterrichtsstunde ist uns immer wieder aufgefallen, dass die Lehrerin sich ganz bewusst bemühte, die Schüler dabei zu »ertappen«, wie sie sich an Arbeitsabläufe hielten, aufmerksam zuhörten, konzentriert an einer Aufgabe arbeiteten usw. Das von ihr ignorierte Fehlverhalten war nicht schwerwiegend. Das Einzige, wofür diese Lehrerin (zumindest aus Sicht der Schüler) ein Auge hatte, war erwünschtes Verhalten. Und deshalb war ihr Klassenzimmer voller aufmerksamer Schüler.

Nach der Stunde erzählte uns die Lehrerin, dass sie natürlich durchaus gegen Fehlverhalten vorgehe, dabei aber genau abwäge und sich nicht provozieren lasse. Wenn sie einen Schüler zurechtweise, erklärte sie, dann allerdings immer unter vier Augen.

Viel zu oft erleben wir in Unterrichtsbeobachtungen Lehrer, die Schüler immer nur dabei »ertappen«, dass sie sich danebenbenehmen. Einmal wurden wir Zeugen, wie eine Lehrerin innerhalb einer Schulstunde viermal Schüler »ertappte«:

- Die Schüler lasen reihum laut aus einem Buch vor. Die Lehrerin rief bewusst einen Schüler auf, der nicht aufgepasst hatte. Als der Schüler nicht wusste, wo er weiterlesen sollte, sagte sie: »Wie auch? Du hast überhaupt nicht aufgepasst!«
- Beim Ausfüllen eines Arbeitsblatts sah die Lehrerin zwei Schülerinnen miteinander flüstern. Daraufhin sagte sie so laut, dass die ganze Klasse es hörte: »Hab ich was davon gesagt, dass ihr beim Ausfüllen des Arbeitsblatts miteinander reden sollt?«
- Beim Einsammeln der Hausaufgaben stellte sie fest, dass bis auf einen Schüler alle ihre Hausaufgaben gemacht hatten. Sie ging jedoch mit keinem Wort auf die Schüler ein, die getan hatten, was von ihnen erwartet wurde. Stattdessen stürzte sie sich auf den einzigen Schüler, der die Hausaufgaben nicht gemacht hatte, und tadelte ihn vor der ganzen Klasse.
- Als sie während der mündlichen Besprechung des erwähnten Arbeitsblatts einen Schüler aufrief und dieser die falsche Antwort gab, sagte die Lehrerin: »Wo bist du gewesen, als wir das durchgenommen haben?«

Die Technik, Schüler bei vorbildlichem Verhalten zu »ertappen«, war dieser Lehrerin offenbar fremd. Während der gesamten Unterrichtsstunde ging sie nicht ein einziges Mal auf einen Schüler ein, der sich vorbildlich verhielt. Stattdessen registrierte sie mit Argusaugen jedes Fehlverhalten.

Lösungen und Strategien für Ihren Unterricht

Das Rezept, das wir Ihnen ans Herz legen wollen, ist einfach: **Achten Sie einen Tag lang ganz bewusst darauf, Schüler ausschließlich bei erwünschtem Verhalten zu »ertappen«.** Sollte ein Fehlverhalten auftreten, das Sie unmöglich ignorieren können, sprechen Sie mit dem betreffenden Schüler unter vier Augen. Bemühen Sie sich an diesem Tag ganz bewusst, vorbildliches Verhalten zu registrieren und Schülern zu danken, die anderen helfen, sich besonders anstrengen usw. Je konsequenter Sie diese Strategie anwenden, desto klarer wird sich zeigen, wie gut sie funktioniert. Und das wird Sie hoffentlich davon überzeugen, diese Strategie ab jetzt täglich anzuwenden!

Falls Sie zu den Lehrern gehören, die ein Auge für erwünschtes Verhalten haben und Schüler regelmäßig dafür loben, sollten Sie Ihre Anstrengungen auf diesem Gebiet noch intensivieren. **Solange Ihr Lob ehrlich gemeint und situativ angemessen ist, können Sie gar nicht genug loben!**

Quintessenz

Je öfter Sie es schaffen, Schüler bei vorbildlichem Verhalten zu »ertappen«, desto häufiger werden sich Ihre Schüler vorbildlich verhalten. **Jeder Mensch freut sich, wenn seine Anstrengungen gewürdigt werden.** Heben Sie sich Schelte, so sie denn notwendig ist, für ein Gespräch unter vier Augen auf. Selbst wenn Sie ein Fehlverhalten offen ansprechen müssen, sollten Sie es nie in einer Art und Weise tun, dass Sie einen Schüler an den Pranger stellen. Mehr zu diesem Thema finden Sie im nächsten Kapitel, in dem es um Erfreuliches und Erbauliches geht.

Ansatz is FU

23 Achten Sie auf das Erfreuliche und Erbauliche

Positive Pädagogik

Denkanstoß

In einem Vortrag fordert der Redner das Publikum auf, sich im Raum umzuschauen und möglichst viele blaue Gegenstände zu finden. Er lässt den Zuhörern 30 Sekunden Zeit, dann bittet er sie, die Augen zu schließen und zu zählen, wie viele weiße Gegenstände sie gesehen haben. Die meisten Zuhörer können sich an keinen einzigen weißen Gegenstand erinnern. Dabei gibt es deutlich mehr weiße Gegenstände im Raum als blaue, und manche im Publikum trugen sogar ein weißes Kleidungsstück. Doch sie haben sich so sehr auf alles Blaue konzentriert, dass ihnen die weißen Gegenstände gar nicht aufgefallen sind. Und die Moral von der Geschicht? **Wir nehmen das wahr, worauf wir unser Augenmerk richten. Das gilt auch für den Unterricht.**

Konzentriert sich ein Lehrer auf Fehlverhalten und auf alles Negative, wird er genau das bei seinen Schülern wahrnehmen. Konzentriert er sich dagegen auf alles Positive, was in seinem Klassenzimmer passiert – und in jedem Klassenzimmer gibt es jede Menge Positives – so wird das Positive in den Mittelpunkt rücken, nicht nur bei ihm selbst, sondern auch bei seinen Schülern.

Lösungen und Strategien für Ihren Unterricht

Wählen Sie als Erstes eine Ihrer Klassen aus, und suchen Sie bei jedem Schüler gezielt nach etwas Erfreulichem und Erbaulichem.

Wahrneh~g → ant...weise → ansprehe

⚠

Halten Sie das Ergebnis schriftlich fest, damit Sie es nicht gleich wieder vergessen. Als Nächstes sollten Sie den Schülern sagen, was Ihnen positiv aufgefallen ist. So könnten Sie zu einem Schüler sagen: »Mir ist aufgefallen, dass du immer ein Lächeln auf den Lippen hast. Wenn mal nicht mein Tag ist, weiß ich, dass ich nur dich anschauen muss – und dein Lächeln heitert mich auf.«

Beispiele

Zu einem anderen Schüler könnten Sie sagen: »Mir ist aufgefallen, dass du niemals aufgibst, auch wenn es dir schwerfällt, etwas zu verstehen. Jeder hat hin und wieder Probleme, etwas zu verstehen, aber viele werfen zu schnell die Flinte ins Korn. Du hast das Zeug dazu, es weit zu bringen.« Manchmal wird es etwas ganz Einfaches sein wie: »Danke, dass du mir die Tür aufgehalten hast. Das war sehr aufmerksam.«

Das Entscheidende ist, Ihr Augenmerk auf das Erfreuliche und Erbauliche zu lenken – bei allen Ihren Schülern. Fangen Sie bei einer Klasse an, und übertragen Sie das Ganze, wenn Sie mehrere Klassen unterrichten, nach und nach auf alle Ihre Schüler.

Was sind die Nachteile dieser Strategie? Es gibt keine! Indem Sie sich auf das Positive konzentrieren, wird Ihnen in Ihrem Unterricht mehr Positives begegnen.

Quintessenz Fehlerkultr !

Als Lehrer sind wir so sehr auf das Wahrnehmen und Lösen von Problemen geeicht, dass wir das Positive um uns herum manchmal ganz aus den Augen verlieren. Wir sind so geübt darin, Fehlverhalten zu registrieren, dass wir uns bisweilen zu sehr auf das konzentrieren, was schiefläuft. Wir ertappen unsere Schüler sofort, wenn sie sich danebenbenehmen, und vergessen oft, sie dabei zu ertappen, wenn sie sich vorbildlich verhalten.

Wechseln Sie die Perspektive und konzentrieren Sie sich darauf, was an jedem einzelnen Ihrer Schüler erfreulich und erbaulich ist. Indem Sie Ihr Augenmerk auf das Positive richten, werden Sie das weniger Positive zurückdrängen und in manchen Fällen ganz aus der Welt schaffen. Ganz nebenbei helfen Sie so Ihren Schülern dabei, sich auf ihre Stärken zu konzentrieren anstatt auf ihre Schwächen. Und das, liebe Kollegen, wird im Hinblick auf die Disziplin Ihrer Schüler Wunder wirken! Also flugs die Perspektive gewechselt – flugs die Disziplin verbessert!

24 Einfach mal »Danke« sagen!

[handschriftlich: Wertschätzung]

[handschriftlich: Menschen wolle gesehn werde]

Denkanstoß

[handschriftlich: es geht auch um negative Aufmerksamkeit]

Ein Lob ist eines der schönsten Geschenke, die es gibt. Und das Beste daran: Jedes Mal, wenn jemand gelobt wird, fühlen sich mindestens zwei Menschen besser: derjenige, der gelobt wurde, und derjenige, der gelobt hat! Stellen Sie sich vor, Sie machen eine Diät. Was ist motivierender: Wenn jemand Ihnen sagt, dass Sie blendend aussehen, oder wenn jemand sagt: »Das wurde aber auch Zeit«? Ein Lob, das zeigt, dass jemand Ihre Bemühungen registriert und zu würdigen weiß, wird Sie viel eher aufbauen und dazu motivieren, die Diät fortzusetzen.

Gute Lehrer setzen dieselbe Methode tagtäglich im Unterricht ein, um ihre Schüler zu motivieren und die Disziplin zu fördern. Diesen Lehrern ist bewusst, dass sie Schüler in einem Verhalten bestärken, indem sie dieses registrieren und würdigen. Sie wissen, welche Schüler sie vor der ganzen Klasse loben können – und welchen Schülern das peinlich wäre.

Daher sprechen sie manchmal auch der ganzen Klasse ein Lob aus, wenn sie eigentlich einzelne Schüler meinen. Anstatt mit einem »Danke, Johnny, dass du aufgehört hast zu schwätzen« einen einzelnen Schüler in den Mittelpunkt zu stellen, können Sie alternativ auch so etwas sagen wie: »Danke, dass ihr alle aufmerksam seid.« Dadurch fühlen sich diejenigen angesprochen, die (wie Johnny) Ihrer Bitte um Ruhe nachgekommen sind, und gleichzeitig wird allen anderen in Erinnerung gerufen, wie ein angemessenes Verhalten im Unterricht aussieht.

Lösungen und Strategien für Ihren Unterricht

Eine der einfachsten Möglichkeiten, einen Schüler zu loben, ist ein einfaches »Danke«. So zeigen Sie dem Schüler, dass er sich lobenswert verhalten hat und dass Ihnen dieses Verhalten positiv aufgefallen ist. Indem Sie ihm mitteilen, dass Sie sein Verhalten zu schätzen wissen, zeigen Sie zugleich Ihre Wertschätzung für ihn als Person. Und ein Schüler, der sich von seinem Lehrer wertgeschätzt weiß, wird positiveres Verhalten an den Tag legen.

Wie wir in Unterrichtsbesuchen immer wieder feststellen, **verwenden erfolgreiche Lehrer das Wörtchen »Danke« sehr viel häufiger als weniger erfolgreiche**. Außerdem ist auffällig, dass auch Schüler häufiger »Danke« sagen, wenn der Lehrer das Wort oft benutzt.

Hier einige Beispiele für Gelegenheiten, als Lehrer im Unterricht »Danke« zu sagen:

- »Danke, dass ihr alle so leise hereingekommen seid. Das habt ihr sehr gut gemacht!«
- »Danke, dass du an die Hausaufgabe gedacht hast, Susan. Du bist eine sehr zuverlässige Schülerin.«
- »Ich finde es ganz wunderbar, dass du immer so ordentlich mitschreibst, Simone.«
- »Danke, Eddie, dass du dich sofort an die Arbeit gemacht hast.«
- »Danke, Linda, dass du heute so brav sitzen bleibst.«
- »Das ist ein toller Aufsatz, Rebecca. Man merkt, dass du viel Arbeit und Fantasie hineingesteckt hast.«
- »Danke, dass du die Tür hinter dir zugemacht hast, Eric.«
- »Danke, dass ihr in den Gruppen alle so gut zusammengearbeitet habt.«
- »Danke im Voraus, dass ihr vor dem Gong nachschaut, ob unter eurem Pult Müll herumliegt. Zu den Frauen vom Reinigungsdienst sage ich immer, dass sie in unserem Klassenzimmer eigentlich gar nicht putzen müssen, weil ihr alles so gut in Ordnung haltet.«
- »Danke, Lisa, dass du Liz so schön geholfen hast. Ich weiß, Liz ist dir dafür sehr dankbar, und ich wollte dir sagen, dass auch ich deine Hilfsbereitschaft sehr zu schätzen weiß.«

Und vergessen Sie nicht, dass Sie das Wort »Danke« nie sarkastisch benutzen sollten. Ein Beispiel dafür wäre, wenn eine Lehrerin sagt: »Danke, Richard, dass du so aufmerksam bist«, und dabei dem schwätzenden Danny einen strafenden Blick zuwirft. Sarkasmus ist nie eine gute Idee!

Achten Sie einmal darauf, wie häufig beziehungsweise wie selten Sie im Unterricht das Wörtchen »Danke« verwenden. Selbst wenn Sie das relativ oft tun – vorausgesetzt, dass Sie es ehrlich meinen, können Sie gar nicht oft genug »Danke« sagen! Sollten Sie hingegen feststellen, dass es Ihnen nur selten über die Lippen kommt, dann versuchen Sie, »Danke« zum Bestandteil Ihres Unterrichts werden zu lassen. Üben Sie so lange, bis Ihnen das zur Gewohnheit wird.

Quintessenz

Wenn Sie sich bei Ihren Schülern für positives Verhalten bedanken, trägt das viel zu einem guten Verhältnis zwischen Ihnen und Ihren Schülern bei und führt zu mehr Disziplin. Ergo: **Sagen Sie einfach mal »Danke«, und belohnen Sie so Ihre Schüler, wenn sie sich vorbildlich verhalten!**

25 Demütigung gebiert Vergeltung

Elternarbeit

Denkanstoß

Denken Sie zurück an eine Situation aus Ihrer Schulzeit, in der Sie von einem Lehrer bloßgestellt wurden. Die meisten Menschen mussten das leider mehr als einmal erleben. Rufen Sie sich in Erinnerung, wie Sie sich in dem Moment gefühlt haben. Wahrscheinlich können Sie sich heute noch lebhaft daran erinnern, wie unangenehm Ihnen die Sache war. Würden Sie den Lehrer, der Sie damals so gedemütigt hat, im Nachhinein zu Ihren Lieblingslehrern zählen? Wohl kaum.

Die meisten Menschen empfinden noch im Erwachsenenalter Antipathie und Abneigung gegenüber Lehrern, von denen sie vor vielen Jahren bloßgestellt wurden. Sie können sich die Gefühle von damals noch so lebendig in Erinnerung rufen, als sei es gestern geschehen. So groß und dauerhaft ist der Schaden, den man mit einer Demütigung anrichten kann. Kein Mensch würde jemals sagen: »Oh Mann, als Frau Sauertopf mich damals so gedemütigt hat, da habe ich mir ernsthaft vorgenommen, ein besserer Mensch zu werden. Ich bin ihr dafür heute noch dankbar. Es war so eine nette Geste von ihr, mich so bloßzustellen.«

Frau Sauertopf hätte sich damals vermutlich gerechtfertigt, mit ihrer Taktik, Schüler zu demütigen, bringe sie diese dazu, sich angemessen zu verhalten. Und insofern, als ihre Schüler dadurch, zumindest eine Zeit lang, das Schwätzen einstellten und sich gesittet benahmen, hatte sie ja auch recht.

Dabei übersah Frau Sauertopf jedoch etwas Entscheidendes: **Demütigung ist kontraproduktiv. Sie führt dazu, dass der Schüler**

sich blamiert fühlt, einen Groll gegen den Lehrer hegt und nach einer Gelegenheit trachtet, sich zu revanchieren. Ein gedemütigter Schüler denkt nicht selten: »Sicher, du hast es geschafft, mich zum Schweigen zu bringen, indem du mich vor meinen Freunden in Verlegenheit gebracht hast. Aber wart's ab!« Und Vergeltung kann bei Schülern viele Formen annehmen, eine hässlicher als die andere.

Revanchiert sich ein Schüler dafür, dass der Lehrer ihn so bloßgestellt hat, denkt der Lehrer meist entrüstet: »Wie kann er es wagen!« Nichts liegt uns ferner, als Vergeltung gutzuheißen, egal, wer sie verübt. Aber die Frage sei doch gestattet: Wer hat angefangen?

Lösungen und Strategien für Ihren Unterricht

Die Lösung lautet in diesem Fall: Beobachten Sie sich selbst, und fragen Sie sich, ob Sie in bestimmten Situationen dazu neigen, Schüler bewusst vor anderen in Verlegenheit zu bringen. Rufen Sie häufig einen unaufmerksamen Schüler auf, damit alle anderen merken, dass der Schüler nicht aufgepasst hat? Sprechen Sie mit einem Schüler im Beisein von anderen über sein schlechtes Abschneiden bei einer Arbeit? Fordern Sie einen Schüler auf, sich vor der ganzen Klasse zu entschuldigen, wenn er sich danebenbenommen hat? Wir könnten diese Liste noch lange fortführen, aber Sie sehen schon, worauf es uns ankommt. Falls Sie zu dem Ergebnis kommen, dass Sie Schüler manchmal demütigen, in welcher Form auch immer, dann denken Sie bitte noch einmal darüber nach, ob Sie damit wirklich erreichen, was Sie bezwecken.

Für Demütigung gibt es einfach keine Rechtfertigung. Unserer Ansicht nach ist das Bloßstellen von Schülern durch Lehrer **eine Form von Mobbing.** Lehrer sollen ihren Schülern jedoch ein Vorbild sein, und ein gutes Vorbild schikaniert niemals andere. Uns ist noch kein einziger wirklich guter Lehrer untergekommen, der in seinen Klassen für Disziplin sorgt, indem er seine Schüler demütigt.

Quintessenz

Natürlich ist es uns ein Anliegen, dass Schüler sich diszipliniert verhalten. In diesem Buch haben wir zahlreiche Rezepte für mehr Disziplin im Unterricht zusammengetragen – aber immer unter der Maßgabe, dass die Würde der Schüler und die Professionalität des Lehrers gewahrt bleiben. **Lassen Sie sich niemals dazu hinreißen, einen Schüler zu mobben, indem Sie ihn demütigen. Sie können in Ihrem Klassenzimmer für Disziplin sorgen, ohne unprofessionell zu handeln oder Schüler bloßzustellen.**

26 Denken Sie an die 90/10-Regel

Denkanstoß

Die 90/10-Regel besagt: 90 Prozent aller Schüler, die sich als Disziplinarmaßnahme beim Schulleiter melden müssen, werden von 10 Prozent der Lehrer geschickt. Wenn Sie uns das nicht glauben, lassen Sie mal ein paar Schulleiter vorhersagen, welche Lehrer im nächsten Schuljahr die meisten Schüler zum Schulleiter schicken werden. Sie werden staunen, mit welcher Genauigkeit Schulleiter das prognostizieren können. Und Sie werden sehen, dass es auf die 90/10-Regel hinausläuft. Wirklich gute Lehrer schicken selten einen Schüler ins Büro des Schulleiters. Und wenn es bei einem solchen Lehrer doch einmal vorkommt, weiß der Schulleiter sofort, dass es sich um eine ernste Angelegenheit handelt.

Schickt ein Lehrer seine Schüler wegen geringfügiger Vergehen zum Schulleiter, zeigt dieser Lehrer seinen Schülern (und der Schulleitung), dass er unfähig ist, mit alltäglichen Unterrichtsproblemen umzugehen. Der ungezogene Schüler kehrt also mit der Gewissheit ins Klassenzimmer zurück, dass sein Lehrer nicht mit ihm fertig wird. Er ist somit Herr der Lage, da er weiß, wie er seinen Lehrer (den Erwachsenen) an seine Grenzen bringen kann. Und nicht selten beschwert sich der Lehrer, der Schulleiter unternehme »gar nichts«, wenn er Schüler zu ihm schicke.

Gibt es einen Ausweg? Ja, den gibt es. Schauen wir uns an, wie es erfolgreiche Lehrer halten.

Lösungen und Strategien für Ihren Unterricht

Erfolgreiche Lehrer vermeiden es, Schüler zum Schulleiter zu schicken, indem sie auf eine ganze Reihe von Methoden zurückgreifen. So werden sie mit fast allen Disziplinproblemen allein fertig, ohne die Hilfe der Schulleitung in Anspruch zu nehmen. Sie haben ihre Klassen im Griff, weil sie alle Schüler mit Respekt behandeln, Wert auf handlungsorientierten Unterricht legen, Leerlauf vermeiden und alle in diesem Buch vorgestellten Rezepte für mehr Disziplin umsetzen. Erfolgreiche Lehrer erkennen potenzielle Probleme schon im Ansatz und gehen sie an, ehe sie sich auswachsen können. Sie wissen, dass *sie* dafür verantwortlich sind, was in ihrem Unterricht passiert, nicht die Schulleitung. Deshalb tun erfolgreiche Lehrer alles, was in ihrer Macht steht, um zu vermeiden, dass sie einen Schüler zum Schulleiter schicken müssen.

Aber gibt es nicht Situationen, in denen auch ein erfolgreicher Lehrer einen Schüler zum Schulleiter schicken muss? Doch, die gibt es, aber sie sind selten. Daher die 90/10-Regel. In Fällen, in denen sich diese Maßnahme nicht vermeiden lässt, greifen viele erfolgreiche Lehrer jedoch auf eine ziemlich raffinierte Strategie zurück: Sie sorgen dafür, dass die Schüler sich selbst zum Schulleiter schicken!

Und das funktioniert so: Am ersten Schultag, während der Lehrer den Schülern die wichtigsten Regeln und Arbeitsabläufe erklärt, teilt er ihnen mit: »Übrigens: Nur, damit ihr es wisst – ich schicke niemals einen Schüler wegen Fehlverhaltens zum Schulleiter.« Meist bricht daraufhin Jubel über diese wunderbare Nachricht aus. Dann fügt der Lehrer hinzu: »Allerdings kann es vorkommen, dass sich jemand selbst zum Schulleiter schickt«, und die Begeisterung weicht fragendem Stirnrunzeln.

»Die Schule hat ihre eigenen Regeln«, fährt der Lehrer fort, »und wenn ihr eine dieser in der Schulordnung festgeschriebenen Regeln übertretet, schickt ihr euch damit selbst zum Schulleiter. Eine dieser Regeln lautet zum Beispiel, dass ein Schüler sich vor dem Schulleiter zu verantworten hat, wenn er in eine Schlägerei verwickelt ist. Ich bin sicher, dass so etwas bei euch nicht vorkommt, aber falls doch, werde ich alles tun, um demjenigen zur Seite zu stehen, und gern das entsprechende Formular ausfüllen.« Wenn dann tatsächlich ein Schüler gewalttätig einem Mitschüler gegenüber wird, sagt der Lehrer einfach: »Douglas, wie du weißt, hast du dich gerade selbst zum Schulleiter geschickt. Lass dir ein bisschen Zeit, um dich zu beruhigen, ich fülle schon mal das entsprechende Formular für dich aus.«

Verstehen Sie, worin der Clou liegt? Der Schüler muss die Verantwortung für sein Handeln übernehmen! Und der Lehrer hat damit nichts zu tun, außer dass er Douglas hilft, indem er ihm den lästigen Papierkram abnimmt. Fragen Sie einen Lehrer, der diese Methode schon einmal ausprobiert hat. Er wird Ihnen bestätigen, dass diese Strategie wahre Wunder wirkt!

Quintessenz

Ein erfolgreicher Lehrer sagt seinen Schülern von Anfang an, gleich am ersten Schultag, welche Handlungen zur Folge haben, dass sie sich beim Schulleiter melden müssen. Die Entscheidung über diese Maßnahme hat also nichts damit zu tun, wie wütend oder frustriert der Lehrer aufgrund des Verhaltens eines Schülers ist, sondern ausschließlich damit, dass eine bestimmte Regel gebrochen wird. Dadurch gibt es keine Überraschungen. Die Schüler wissen, dass bestimmte Handlungen bestimmte Konsequenzen nach sich ziehen. Wenn sie wegen einer Regelübertretung zum Schulleiter müssen, ist das ihre eigene Schuld, nicht die des Lehrers. Wie oft muss ein erfolgreicher Lehrer einen Schüler zum Schulleiter schicken? Äußerst selten! Treten Sie ein in den Kreis jener 90 Prozent der Lehrer, die so gut wie nie einen Schüler zum Schulleiter schicken. Willkommen im Club!

27 Wir mögen die, die uns mögen

Denkanstoß

Es gibt kaum etwas Wirkungsvolleres, um die Disziplin in einer Klasse zu verbessern, als die Schüler davon zu überzeugen, dass Sie auf ihrer Seite sind und sich wirklich für sie interessieren. Wir stellen immer wieder fest: **Wenn Schüler davon überzeugt sind, dass ein Lehrer sie mag und nicht nur auf einen Fehltritt von ihnen wartet, verhalten sie sich viel disziplinierter.** Haben sie dagegen umgekehrt das Gefühl, dass ein Lehrer sich nicht für sie interessiert und sie nicht leiden kann, nehmen sie diesen Lehrer als Feind wahr und schlagen zurück, um sich selbst zu schützen. Außerdem tun unserer Erfahrung nach viel zu viele Lehrer viel zu wenig, um ihre Schüler davon zu überzeugen, dass sie ihnen tatsächlich am Herzen liegen.

Denken Sie an jemanden, der Sie überhaupt nicht ausstehen kann, den Sie aber sehr gern haben. Da fällt Ihnen niemand ein? Natürlich nicht, denn es ist fast unmöglich, jemanden zu mögen, von dem man überzeugt ist, dass er einen nicht ausstehen kann. Das Gleiche gilt auch im Unterricht.

Wenn sich ein Schüler danebenbenimmt oder etwas tut, was er nicht darf, ist das eine der besten Gelegenheiten, um ihn davon zu überzeugen, dass Sie ihn mögen. Aber allzu oft verpassen Lehrer diese Gelegenheit. Sie machen das Ganze zu einer negativen Erfahrung für den Schüler – und erhoffen sich davon eine positive Wirkung.

Das Schema ist immer das gleiche: Ein Schüler benimmt sich daneben, und sofort folgt darauf eine negative Reaktion des Lehrers.

Dabei wendet er eine Methode aus einem Arsenal an, das ausnahmslos zu negativen Ergebnissen führt. Redet beispielsweise ein Schüler dazwischen und der Lehrer weist ihn vor der ganzen Klasse zurecht, wird das den Schüler kaum dazu bewegen, Zwischenrufe künftig zu unterlassen. Ein paar Minuten lang vielleicht, aber bald darauf wird er das unerwünschte Verhalten erneut an den Tag legen.

Einen Schüler vor seinen Freunden zu ermahnen und bloßzustellen ist keine geeignete Methode, ihm zu zeigen, dass man auf seiner Seite ist. Solange er nicht davon überzeugt ist, dass der Lehrer ihn mag, wird er sein Verhalten kaum bereuen oder ändern, selbst wenn es eindeutig inakzeptabel ist. Im Folgenden eine wunderbare Strategie, Ihr Interesse und Ihre Besorgnis zum Ausdruck zu bringen und gleichzeitig unerwünschtes Verhalten (wie von Zauberhand) abzustellen.

Lösungen und Strategien für Ihren Unterricht

Im vierten Kapitel haben wir das Rezept »Alles in Ordnung?« vorgestellt. Das ist eine ganz wunderbare Methode, um Interesse und Anteilnahme statt Ärger oder Sarkasmus zum Ausdruck zu bringen. Im folgenden Szenario entwickeln wir das noch ein Stückchen weiter.

Ein Schüler benimmt sich im Unterricht daneben, und Sie gehen mit ihm vor die Tür, um ihn, wie in Kapitel 4 beschrieben, zu fragen, ob alles in Ordnung sei. Zeigen Sie dem Schüler diesmal auch, dass er Ihnen nicht gleichgültig ist. Heben Sie einige seiner positiven Eigenschaften hervor, damit er weiß, dass Sie ihn als Person wahrnehmen und wertschätzen.

Nachdem Sie den Schüler gefragt haben, ob alles in Ordnung sei, könnten Sie zum Beispiel sagen: »Weißt du, Martin, mir ist wichtig, dass es dir gut geht. Du bist ein geborener Anführer. Mir ist aufgefallen, dass andere zuhören, wenn du etwas zu sagen hast, und mir ist auch aufgefallen, dass du das nicht ausnutzt. Deshalb wusste ich gleich, dass etwas nicht stimmt, als du dich heute im Unterricht so danebenbenommen hast. Das war so gar nicht typisch für dich. Wie du dich heute benommen hast, hat mir gar nicht gefallen. Aber das heißt nicht, dass ich dich nicht mag. Ganz im Gegenteil. Wenn du etwas auf dem Herzen hast, kannst du jederzeit zu mir kommen. Weißt du was? Warum gehen wir nicht zurück ins Klassenzimmer und fangen noch mal von vorne an?«

Das Ganze dauert gerade mal 30 Sekunden, aber der Erfolg ist erstaunlich. Der Schüler nimmt aus dem Gespräch mit, dass Sie sich für ihn interessieren und auf seiner Seite sind. Und genau das sollen schließlich alle unsere Schüler glauben.

Quintessenz

Lehrer, die ihren Schülern gegenüber zum Ausdruck bringen, dass sie sich für sie interessieren, haben deutlich weniger Disziplinprobleme als andere. Wenn Schüler davon überzeugt sind, dass sie Ihnen wichtig sind, vergelten sie Ihnen das mit diszipliniertem Verhalten. **Zeigen Sie also Ihren Schülern, dass Sie sie mögen.**

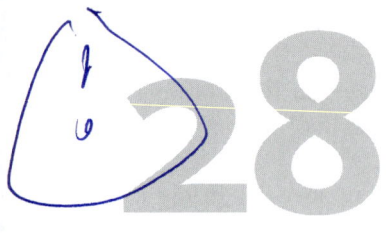

28 Genauso freundlich, höflich und motiviert wie Sie?

gute Methode

ganz wichtig!!!

Denkanstoß

Wäre das Leben nicht traumhaft, wenn unsere Schüler genauso freundlich, höflich und motiviert wären wie wir? Aber – vielleicht sind sie das ja? Einstellung und Verhalten der Schüler sind in der Regel ein Spiegel der Einstellung und des Verhaltens ihres Lehrers. Daher sollten wir uns einmal Gedanken darüber machen, wie freundlich, höflich und motiviert wir eigentlich selbst sind.

Lösungen und Strategien für Ihren Unterricht

Checkliste

Bei dieser Strategie geht es um eine ehrliche Bestandsaufnahme, wie freundlich, höflich und motiviert Sie als Lehrer sind. Ausgehend von dieser Bestandsaufnahme können Sie dann daran arbeiten, sich selbst weiterzuentwickeln. Zu diesem Zweck sollten Sie sich die folgenden Fragen stellen und wahrheitsgetreu beantworten:

- Begegne ich meinen Schülern meist mit einem Lächeln?
- Bin ich jeden Tag freundlich zu meinen Schülern – zu jedem einzelnen?
- Bemühe ich mich gewissenhaft, in jeder Situation ein gutes Vorbild zu sein?
- Vermittle ich beim Unterrichten den Eindruck, dass ich begeistert und motiviert bin?
- Wenn ich einmal einen Schüler ermahnen muss – bleibe ich auch dann ruhig und gefasst und behandle den Schüler mit Achtung?

- Bringe ich meinen Schülern in jeder Situation Respekt entgegen?
- Sehen meine Schüler in mir einen fröhlichen Menschen?
- Wissen alle meine Schüler, dass ich sie mag?

Haben Sie beim Durchlesen dieser Fragen ein oder zwei Bereiche gefunden, in denen Sie noch einen Tick besser werden könnten? Selbst wenn Sie all diese Eigenschaften tagtäglich verkörpern, sollten Sie sich bemühen, noch freundlicher, höflicher und motivierter zu werden.

Und machen Sie sich keine Sorgen, Sie könnten zu »nett« sein, sodass die Schüler meinen, Ihnen auf der Nase herumtanzen zu können. Solange Ihre Schüler wissen, was Sie im Unterricht von ihnen erwarten, und solange Sie konsequent darauf achten, dass die Schüler Ihre Erwartungen erfüllen, können Sie sehr, sehr freundlich sein, ohne Disziplinprobleme fürchten zu müssen. **Die besten Lehrer gehören zugleich zu den nettesten Menschen, die man sich vorstellen kann!**

Quintessenz

Bei Lehrern, die sie als freundlich, höflich und motiviert erleben, sind Schüler am diszipliniertesten und lernen am meisten. Außerdem färbt das Verhalten des Lehrers rasch auf die Schüler ab. Ist es nicht ein schrecklicher Gedanke, dass die Schüler eines Lehrers, der alles andere als freundlich, höflich und motiviert ist, bald dasselbe Verhalten an den Tag legen? Seien Sie also so freundlich, höflich und motiviert, wie Sie es sich von Ihren Schülern wünschen!

29

Lüften Sie die Maske

Denkanstoß

Jeder Schüler hat eine Geschichte. Und sosehr wir uns bemühen, unsere Schüler kennenzulernen: In den seltensten Fällen erfahren wir je die ganze Geschichte eines Schülers. **Jedes positive und jedes negative Verhalten hat eine Ursache, und diese Ursache hat mit der Geschichte des betreffenden Schülers zu tun.** Manche unserer Schüler haben im Lauf ihres Lebens viel zu viel Schreckliches erlebt. Manche Schüler müssen Dinge erfahren und durchmachen, die kein Kind und kein Erwachsener jemals erleben sollte.

Als Lehrer vergessen wir von Zeit zu Zeit, dass es **für das Verhalten eines Schülers immer einen Grund gibt.** Manchmal liegt die Ursache in dem, was im Unterricht passiert ist, aber in vielen Fällen liegt sie außerhalb der Schule.

Jeder Schüler versteckt sich bisweilen hinter einer Maske, um zu verbergen, was wirklich in ihm vorgeht. Manchmal verbirgt sich hinter dieser Maske einfach nur Schüchternheit, manchmal ist es Angst, manchmal großer Schmerz, und oft ist es verdrängte Wut. Doch egal, was im Einzelfall die Ursache ist: In jedem Fall fällt es einem solchen Schüler schwer, Erwachsenen zu vertrauen. Deshalb versteckt er sich hinter einer Maske. Doch im Klassenzimmer eines erfolgreichen Lehrers ist eine solche Maske nicht von Dauer.

Lösungen und Strategien für Ihren Unterricht

Um die vielen unterschiedlichen Masken zu lüften, die Schüler aufsetzen, bedarf es dreierlei:

- Erstens muss sich der Lehrer bewusst machen, dass Schüler Masken tragen.
- Zweitens muss der Lehrer stets bemüht sein, die Masken seiner Schüler zu durchschauen.
- Der dritte Punkt ist der Wichtigste: Ein Lehrer darf das Verhalten seiner Schüler nie persönlich nehmen. Würden Lehrer die »Geschichten« hinter dem Verhalten ihrer Schüler kennen, so wären sie, davon sind wir felsenfest überzeugt, in 90 Prozent der Fälle nicht wütend, sondern einfach nur traurig.

Ein erfolgreicher Lehrer zeichnet sich dadurch aus, dass er diese drei Punkte gleichermaßen berücksichtigt. Und er zeigt mit seinem Verhalten im Unterrichtsalltag, dass er ein vertrauenswürdiger, liebevoller, professioneller Erwachsener ist, der niemals ein Kind verletzen, bloßstellen oder herabsetzen würde. Auf diese Weise wird er allmählich auch die misstrauischsten Schüler dazu bringen, ihm zu vertrauen.

Quintessenz

Lassen Sie sich vom äußeren Schein nicht blenden! Das Verhalten eines Schülers hat einen Grund, auch wenn sich uns dieser auf den ersten Blick nicht unbedingt erschließen mag. Wenn wir die Geschichte aller unserer Schüler kennen würden, dann wüssten wir, dass sich hinter ihrem Verhalten – so nervig wir es finden und so kritisch wir es bewerten mögen – allzu oft ein Hunger nach Zuwendung verbirgt. Mit etwas Geduld wird es Ihnen gelingen, die Maske zu lüften. Die Mühe lohnt sich!

30

besser Titel

Gegen schlechte Laune ist ein Kraut gewachsen

Empathie

Denkanstoß

Schon als Paul das Klassenzimmer betritt, ist er sichtlich schlecht gelaunt. Frau Vogelstrauß sieht zwar, dass er nicht gut aufgelegt ist, ignoriert es aber. »Paul ist ständig schlecht gelaunt«, denkt sie bei sich. »Er will nur meine Aufmerksamkeit. Aber da kann er lange warten.« Paul lässt den Kopf hängen und beteiligt sich nicht am Unterricht. Seine Stimmung verschlechtert sich zusehends, bis Frau Vogelstrauß schließlich der Kragen platzt und die beiden aneinandergeraten.

Schon als Paul das Klassenzimmer betritt, ist er sichtlich schlecht gelaunt. Frau Rigoros sieht sofort, dass er nicht gut aufgelegt ist, und sagt: »In dieser üblen Stimmung brauchst du gar nicht erst reinzukommen, junger Mann. Lass deine Wut gefälligst draußen!« Paul denkt sich: »Die hat doch keine Ahnung, was ich durchmache. Wie kommt sie dazu, mich so anzumachen, wenn sie doch sieht, dass ich nicht gut drauf bin?« Paul knallt seine Bücher aufs Pult, und Frau Rigoros weist ihn zurecht. Paul mault zurück, und das Ungemach nimmt seinen Lauf.

Schon als Paul das Klassenzimmer betritt, ist er sichtlich schlecht gelaunt. Frau Einfühlsam, die ihre Schüler selbstverständlich an der Tür begrüßt, merkt sofort, dass er nicht gut aufgelegt ist. Sie schaut ihn einfühlsam an und sagt: »Alles in Ordnung?« Als er verneint, fährt sie fort: »Man sieht dir an, dass es dir nicht gut geht. Das tut mir sehr leid. Wenn du darüber reden willst, kannst du jederzeit zu mir kommen. Wenn du merkst, dass du dich nicht konzentrieren kannst, lass es mich wissen, dann gehen wir kurz raus und reden darüber.« Paul bedankt sich, setzt sich still auf seinen Platz und macht sich an die Arbeit. Frau Einfühlsam geht zu ihm hin und flüstert ihm ins Ohr: »Ich bin wirklich stolz auf dich, Paul. Du hast dich sofort an die Arbeit gemacht, obwohl es dir heute nicht so gut geht. Das ist sehr erwachsen von dir.« Paul sagt Danke und arbeitet weiter.

Lösungen und Strategien für Ihren Unterricht

Frau Vogelstrauß hat mit ihrer Strategie alles nur noch schlimmer gemacht. Es gibt Situationen, in denen es in der Tat das Beste ist, das Verhalten eines Schülers zu ignorieren. Dies war keine solche Situation. Paul hätte das Gefühl gebraucht, dass es jemandem auffällt, wenn es ihm schlecht geht.

Frau Rigoros hat zwar ganz anders reagiert, damit aber ebenfalls zur Eskalation der Situation beigetragen. Dadurch, dass Frau Rigoros wütend wurde, weil Paul so wütend war, wurde Paul nur noch wütender.

Frau Einfühlsam wusste, dass es keine gute Idee ist, Öl ins Feuer zu gießen. Und: Sie machte sich ehrlich Sorgen um Paul, weil ihr alle ihre Schüler sehr am Herzen liegen. Daher erkannte sie sofort, wo das Problem lag, und ging sehr feinfühlig damit um. Sie beruhigte Paul, indem sie ihm zeigte, dass sie sah, wie schlecht es ihm ging. Es war ihr nicht egal, dass es ihm nicht gut ging, und sie war bereit, mit ihm darüber zu reden, was er auf dem Herzen hatte. Und sie sagte ihm, wie stolz sie auf ihn war, als er trotz allem konzentriert zu Werke ging.

Quintessenz

Gießen Sie kein Öl ins Feuer, wenn ein Schüler schon schlecht gelaunt ist, ehe der Unterricht begonnen hat. Damit machen Sie alles nur noch schlimmer. **Gegen schlechte Laune ist ein Kraut gewachsen:** Geben Sie Ihren Schülern das Gefühl, dass sie Ihnen nicht egal sind. Zeigen Sie ihnen, dass sie Ihnen am Herzen liegen. Die positive Wirkung auf die Disziplin wird nicht ausbleiben.

31

Wer ist am positivsten?

Haben Sie Vorbilde?
↳ lernen!

Denkanstoß

In einer Schule wissen alle, welcher Lehrer am ehesten eine positive Grundhaltung hat. Die Schüler wissen es, die Kollegen wissen es, die Sekretärinnen wissen es, die Schulleiterin weiß es, und die Eltern wissen es auch. Wissen Sie, wer der am positivsten eingestellte Lehrer an Ihrer Schule ist? Nehmen Sie sich ein paar Sekunden Zeit, sich diesen Lehrer vor Ihrem geistigen Auge vorzustellen. Fragen Sie sich dann, warum Sie gerade diese Person ausgesucht haben. Wie verhält sie sich Ihnen gegenüber? Wie geht sie mit den Schülern um? Welchen Gesichtsausdruck hat die Person, die Sie vor Ihrem geistigen Auge sehen?

So. Und wie heißt diese Person? Wir hoffen, dass sie Ihren Namen trägt! Ist es so? Falls nicht: Warum nicht? Wenn Sie nicht an sich selbst gedacht haben, haben Sie Ihr Potenzial als Lehrer noch lange nicht ausgeschöpft! Dann sind Sie längst nicht der Lehrer, den Ihre Schüler verdient haben. Wenn Sie an sich selbst gedacht haben: Herzlichen Glückwunsch! Strengen Sie sich an, damit Sie auch in Zukunft der positivste Lehrer an Ihrer Schule bleiben. Aber selbst, wenn Sie an jemand anders gedacht haben – die gute Nachricht lautet: **Wenn Sie wollen, können Sie ab morgen der positivste Lehrer Ihrer Schule sein!**

Lösungen und Strategien für Ihren Unterricht

Wir wissen, dass Schüler positive Vorbilder brauchen. Und da wir als Lehrer neben den Eltern meist ihre wichtigsten Vorbilder sind, tragen wir eine große Verantwortung. Es ist unsere Pflicht, alles zu tun, was in unserer Macht steht, um ihnen ein positives Beispiel vorzuleben. Das ist eine gewaltige Aufgabe. Doch es ist auch eine der lohnendsten Aufgaben, die es gibt: Wir haben die Chance, jungen Menschen den Weg zu weisen und ihre Zukunft positiv zu beeinflussen.

Nehmen Sie diese Aufgabe ernst, und werden Sie zum positivsten Lehrer an Ihrer Schule! Lächeln Sie viel, haben Sie für jeden ein gutes Wort, und unterrichten Sie mit Leidenschaft. Beteiligen Sie sich nicht an Klatsch und Tratsch, und nehmen Sie das Verhalten eines Schülers niemals persönlich. Seien Sie der Lehrer, den Ihre Schüler verdienen.

Quintessenz

Für Ihre Schüler sollten Sie der positivste Lehrer sein, der sie je unterrichtet hat. Sind Sie das?

32 Interessieren Sie sich für die Interessen Ihrer Schüler

Bezüge herstellen

Mentor sein

Denkanstoß

Wenn Schüler glauben, dass sich ihr Lehrer für sie als Person interessiert, werden sie sich viel eher diszipliniert verhalten, als wenn sie vom Gegenteil überzeugt sind. Zeigen Sie Ihren Schülern, dass sie Ihnen wichtig sind, dass Sie sie wertschätzen und sich für sie interessieren – dann werden sich die Schüler auch mehr für Ihren Unterricht interessieren und ihn seltener stören.

Eine Möglichkeit, einen Schüler davon zu überzeugen, dass er Ihnen wichtig ist, besteht darin, sich für seine Interessen zu interessieren. Was macht ihm Spaß? Was fasziniert ihn? Was macht er nach Schulschluss? Viele Schüler begeistern sich für eine Sportart oder ein Hobby. Manche Schüler haben das Glück, dass ihre Eltern ihnen Musikunterricht ermöglichen. Kurz: Jeder Schüler hat seine eigenen, individuellen Interessengebiete. Jeder Schüler interessiert sich für irgendetwas. Jetzt müssen Sie nur noch herausfinden, was dieses Irgendetwas ist.

Lösungen und Strategien für Ihren Unterricht

Die naheliegendste Möglichkeit, die Interessen Ihrer Schüler herauszufinden, ist natürlich: Fragen Sie sie! Regen Sie Diskussionen an, die Schülern Gelegenheit geben, Ihnen von ihren Interessen zu erzählen. Eine weitere Methode besteht darin, die Schüler einen Fragebogen ausfüllen zu lassen. Diese Methode ist bei Lehrern sehr beliebt, weil die Schüler darauf schriftlich festhalten, was ihnen besonders viel Spaß macht. Der Lehrer kann die Fragebögen einsammeln, sie in aller Ruhe auswerten und überlegen, wie er dieses Wissen am besten in seinen Unterricht und/oder in ein Gespräch mit den Schülern einfließen lassen kann.

Daneben können Sie auch viel über die Interessen von Schülern erfahren, indem Sie sie beobachten. Aus ihrem Verhalten lässt sich sehr viel ablesen. Wenn Mary sich bei jeder Gelegenheit in eine stille Ecke zurückzieht, um ein Buch zu lesen, so könnten Sie daraus zwei Schlussfolgerungen ziehen: Erstens liest Mary für ihr Leben gern, und zweitens fällt es ihr vermutlich schwer, auf andere zuzugehen. Sie können Mary also dabei helfen, mit anderen in Kontakt zu kommen, und sie können versuchen, mehr über die Themen zu erfahren, die Mary besonders interessieren. Vielleicht können Sie ihr sogar das eine oder andere Buch empfehlen.

Wenn Sie merken, dass Dan häufig andere herumkommandiert, ist das möglicherweise ein Hinweis auf seinen (noch) fehlgeleiteten Wunsch, Verantwortung für andere zu übernehmen. Ihre Aufgabe wäre demnach, ihm dabei zu helfen, seine herrische Art abzulegen und Führungskompetenzen zu entwickeln. Wenn Sie wissen, dass Tom ein begeisterter Skater ist, dann lassen Sie sich von ihm über sein Hobby berichten. Sie könnten ihn Boarden als Aufsatzthema wählen lassen, das Thema Skateboard in eine Physikstunde einbauen oder in irgendeinem anderen Fach aufgreifen.

Eine andere Möglichkeit, Ihren Schülern zu zeigen, dass Sie sich für sie interessieren, ist der gelegentliche Besuch außerschulischer Veranstaltungen: eines Basketballspiels, einer Tanzaufführung oder eines Konzerts.

Als letztes Beispiel hier eine Geschichte, die uns eine sehr erfolgreiche Lehrerin erzählt hat:

Marlo war eine sehr in sich zurückgezogene Schülerin. Deshalb hatte ihre Lehrerin Schwierigkeiten herauszufinden, was Marlo interessierte. In den ausgeteilten Fragebogen trug Marlo fast nichts ein, und auf die Frage, was ihr Spaß mache, sagte sie immer nur: »Nichts.« Sie schaffte es kaum, anderen in die Augen zu schauen. Auch ihre schulischen Leistungen ließen zu wünschen übrig. Die Lehrerin wusste, dass sie irgendetwas finden musste, was Marlo Freude machte, und beobachtete sie genau.

Bald fiel ihr auf, dass Marlo außergewöhnlich ordentlich war. Sie hielt ihre Schulsachen perfekt in Ordnung und rückte ständig irgendetwas auf ihrem Pult zurecht. Sie hatte eine schöne, sorgfältige Handschrift, und wenn sie etwas ausradieren musste, achtete sie darauf, dass nicht die kleinste Spur zurückblieb. Aha!

Eines Tages nahm die Lehrerin Marlo beiseite und sagte zu ihr: »Ich glaube, du bist die ordentlichste Schülerin, die ich je gesehen habe, Marlo. Ich kann nur staunen, wie du es schaffst, alle deine Sachen so gut in Ordnung zu halten. Ich wüsste gern, wie du das machst. Es gibt da nämlich etwas, wobei du mir vielleicht helfen könntest.« Um es kurz zu machen: Die Lehrerin ernannte Marlo in ihrem Klassenzimmer zur obersten Raumausstatterin. Marlo machte viele gute Vorschläge und half ihr dabei, die Unterrichtsmaterialien besser zu sortieren und zu strukturieren.

Die beiden begannen, über Reality-Shows im Fernsehen zu diskutieren, in denen Organisationsberater Menschen halfen, ihren Keller oder ihre Papiere zu ordnen, ganz so, wie Marlo ihrer Lehrerin geholfen hatte. Und sobald Marlo erkannte, dass sie für ihre Lehrerin interessant und nützlich war, blieb es natürlich nicht aus, dass sie sich allmählich aus ihrem Schneckenhaus wagte.

Quintessenz

Jeder Schüler mag es und braucht das Gefühl, dass sein Lehrer ihn *interessant* findet. Wenn Sie einen Schüler davon überzeugen können, dass Sie ihn mögen und interessant finden, werden Sie fortan einen viel besseren Draht zu ihm haben. **Schüler, die eine gute Beziehung zu ihrem Lehrer haben, lernen mehr und verhalten sich disziplinierter.** Na, haben wir Ihr *Interesse* geweckt?

33 Kleine Gefälligkeit, große Wirkung

Denkanstoß

Kinder wollen kooperieren

Du bist wichtig!

Tatsache ist: **Fast allen Schülern macht es Spaß, ihrem Lehrer einen Gefallen zu tun oder einen Botengang für ihn zu erledigen.** Liegt das nur daran, dass sie so eine Entschuldigung haben, das Klassenzimmer zu verlassen? Keineswegs. Wenn ein Lehrer einen Schüler bittet, einen Botengang zu übernehmen oder einen bestimmten Auftrag zu erfüllen, gibt er dem Schüler das Gefühl, dass er wichtig ist. **Und jeder Schüler (ja, jeder Mensch) mag das Gefühl, wichtig zu sein.** Sicher, er freut sich auch über die kleine Auszeit, wenn er das Klassenzimmer verlassen darf. Und nein, natürlich kann man nicht jeden Schüler mutterseelenallein durch die Gänge ziehen lassen.

Aber Sie sollten jedem Schüler ab und zu Gelegenheit geben, Ihnen als Lehrer einen kleinen Gefallen zu tun. Schließlich muss das nicht in jedem Fall heißen, dass der Schüler das Klassenzimmer verlassen muss. Sie können einen Schüler auch um den Gefallen bitten, einen Stuhl von A nach B zu tragen oder Unterrichtsmaterialien zu sortieren.

Manchmal müssen Sie einem wütenden Schüler Gelegenheit bieten, tief durchzuatmen und etwas abzukühlen. In anderen Situationen wollen Sie einem Schüler vielleicht das Gefühl geben, dass er wichtig ist und eine verantwortungsvolle Aufgabe erledigt. In beiden Fällen kann eine kleine Gefälligkeit die Rettung sein!

Lösungen und Strategien für Ihren Unterricht

Damit Sie immer einen Anlass für einen kleinen Gefallen parat haben, können Sie die folgende simple Strategie anwenden: Sprechen Sie sich mit einer Kollegin ab, deren Klassenzimmer auf dem gleichen Flur liegt wie Ihres. Sagen Sie der Kollegin, dass Sie von Zeit zu Zeit einen Grund brauchen, einen Schüler kurz vor die Tür zu schicken, und dass Sie den Schüler in einem solchen Fall mit einem leeren, verschlossenen Briefumschlag zu ihr schicken werden. Der Schüler wird natürlich nie erfahren, dass der Umschlag in Wirklichkeit leer ist. Legen Sie also in einer Schublade des Lehrerpults einen kleinen Vorrat an weißen, verschlossenen Briefumschlägen an. Wenn Sie einen Schüler kurz vor die Tür schicken wollen, dann schicken Sie ihn einfach mit einem dieser leeren Umschläge zu Ihrer Kollegin. Die Kollegin bedankt sich bei dem Schüler und behält ihn auf dem Rückweg im Auge. Das ist alles. Die Methode ist ebenso einfach wie effektiv.

Hier ein Beispiel, wie das Ganze in der Praxis aussehen könnte. Marcus hat sich über irgendetwas geärgert. Anstatt zu arbeiten, flucht er halblaut vor sich hin und redet sich immer mehr in Rage. Er sieht aus, als würde er jeden Moment explodieren. Irgendwie müssen Sie ihn dazu bringen, mit Ihnen vor die Tür zu gehen, damit Sie in Ruhe mit ihm reden können. Aber so erregt, wie er im Augenblick ist, würde er sich wahrscheinlich weigern mitzukommen. Also gehen Sie einfach zum Lehrerpult, holen einen Ihrer leeren Briefumschläge und sagen: »Würdest du mir bitte einen Gefallen tun, Marcus, und das vorne bei Frau Miller abgeben? Vielen Dank.«

Marcus kommt die Gelegenheit, rauszugehen, sehr recht. Als er zurück kommt, nehmen Sie ihn vor der Tür in Empfang: »Vielen Dank, dass du Frau Miller diese wichtige Nachricht übermittelt hast. Aber bevor wir zurück ins Klassenzimmer gehen, …« Dann besprechen Sie ganz ruhig und einfühlsam mit ihm, was vorgefallen ist.

Ein weiteres Beispiel aus der Praxis: Rebecca gehört zu den Schülerinnen, die sich unendlich viel Zeit lassen, ehe sie mit der Ausführung eines Arbeitsauftrags beginnen. Sie suchen nach einer Gelegenheit, sie dafür zu loben, dass sie sich so schnell an die Arbeit gemacht hat. Aber diesen Gefallen tut Ihnen Rebecca nie. In dieser Situation kann es die Rettung sein, Rebecca um einen anderen Gefallen zu bitten. Sie erteilen der Klasse einen Arbeitsauftrag und gehen dann umgehend zu Rebecca und sagen: »Ich möchte, dass du mir einen kleinen Gefallen tust, Rebecca. Sag mir Bescheid, wenn du mit der Aufgabe fertig bist. Du musst bei einer anderen Lehrerin etwas für mich abgeben.«

Mit an Sicherheit grenzender Wahrscheinlichkeit wird sich Rebecca unter diesen Umständen sofort an die Arbeit machen, damit sie anschließend den Botengang übernehmen kann. Sie ahnt nicht, dass Sie alles arrangiert haben, um ihr ein Erfolgserlebnis zu verschaffen. Sobald sie die Aufgabe gelöst hat, schicken Sie sie mit einem Ihrer leeren Briefumschläge los. Wenn sie wieder da ist, sagen Sie zu ihr: »Vielen Dank, dass du diesen wichtigen Brief für mich zugestellt hast. Und danke, dass du dich so schnell an die Arbeit gemacht hast. Ist dir aufgefallen, dass das viel besser geworden ist? Hast du etwas dagegen, wenn ich deinen Eltern eine kurze Nachricht schicke, damit sie wissen, wie stolz ich auf dich bin?«

Das sind nur zwei Beispiele, wie Sie diese Methode sinnvoll einsetzen können. Probieren Sie es aus! Sicher fallen Ihnen noch andere Anlässe ein, die zu Ihnen und Ihren Schülern passen und bei denen Sie Ihren Schülern Gelegenheit geben können, Ihnen einen Gefallen zu tun.

Quintessenz

- Schüler mögen das Gefühl, dass sie wichtig sind.
- Fast allen Schülern macht es Spaß, ihrem Lehrer einen Gefallen zu tun oder einen Botengang für ihn zu erledigen.
- Die Bitte um einen kleinen Gefallen lässt sich im Unterricht vielfältig einsetzen. Lehrer können einem Schüler so die Gelegenheit geben, sich etwas abzukühlen, sie können ihm das Gefühl vermitteln, wichtig zu sein, sie können einen Anlass schaffen, den Schüler zu loben, und vieles mehr.
- Manchmal hat eine kleine Gefälligkeit eine große Wirkung!

34 *FK*

Geben Sie Fehler zu

Denkanstoß

Jeder Lehrer hat Ziele. Jeder Lehrer hat ein Idealbild vor Augen, das er gern verkörpern möchte. Wenn eines Ihrer Ziele darin bestehen sollte, der perfekte Lehrer zu werden, geben wir Ihnen einen guten Rat: Laufen Sie weg, so schnell Sie können. Kehren Sie dem Lehrerberuf ein für alle Mal den Rücken! Es ist nämlich so: Den perfekten Lehrer gibt es nicht. Auch die besten Lehrer machen Fehler.

Ein wirklich guter Lehrer unterscheidet sich von einem durchschnittlichen Lehrer unter anderem dadurch, dass er keine Angst davor hat, Fehler zuzugeben – auch (und gerade) seinen Schülern gegenüber nicht. Woran liegt das? Wirklich gute Lehrer sind sich bewusst, dass es **zu ihrer Vorbildfunktion gehört, Schülern beizubringen und vorzuleben, wie man Fehler eingesteht und sie nutzt, um noch besser zu werden.**

Lösungen und Strategien für Ihren Unterricht

Szenario Nr. 1: Frau Siebengescheit schreibt einen Beispielsatz an die Tafel. Dabei verwendet sie versehentlich »das« statt »dass«. Nick, ein sehr aufmerksamer Schüler, bemerkt den Fehler sofort und weist Frau Siebengescheit darauf hin. Und da Frau Siebengescheit immer alles richtig macht, antwortet sie: »Sehr gut aufgepasst, Nick. Ich habe den Fehler mit Absicht eingebaut, um zu testen, ob ihr bei der Sache seid.«

Szenario Nr. 2: Frau Fehlerfreund schreibt einen Satz an die Tafel. Dabei verwendet sie versehentlich »das« statt »dass«. Luke bemerkt den Fehler sofort und weist Frau Fehlerfreund darauf hin. Frau Fehlerfreund antwortet: »Richtig, Luke. Da ist mir ein Fehler passiert. Danke, dass du so gut aufgepasst hast.« Dann korrigiert sie ihren Fehler und nutzt die günstige Gelegenheit, um über die korrekte Verwendung der Wörter »das« und »dass« zu sprechen.

Nehmen wir **beide Szenarien etwas genauer unter die Lupe.** Frau Siebengescheit zog es vor, ihren Fehler vor den Schülern zu verbergen und sie glauben zu machen, sie habe den Fehler absichtlich eingebaut. Damit hat sie eine Gelegenheit verschenkt, den Schülern zu demonstrieren, dass man aus Fehlern lernen kann.

Aber manche Lehrer machen doch tatsächlich (absichtlich) Fehler, um ihre Schüler zu testen? Ja, natürlich. Allerdings mit dem feinen Unterschied, dass diese Lehrer das in der Regel ankündigen: »Ich werde jetzt ein paar Sätze an die Tafel schreiben und dabei einige Fehler einbauen. Passt gut auf und versucht, die Fehler zu finden!«

Frau Siebengescheit gibt vor ihren Schülern aus Prinzip nie zu, dass ihr ein Fehler unterlaufen ist. Und wenn ein Schüler ihr eine Frage stellt, die sie nicht zu beantworten weiß, sagt sie so etwas wie: »Ich könnte dir das schon beantworten, aber ich möchte, dass du nachschlägst und die Antwort selbst herausfindest. Wenn ich euch alles vorkaue, lernt ihr ja nichts dabei.« Keinem Schüler gegenüber hat Frau Siebengescheit jemals einen Fehler eingeräumt. Und deshalb lernen die Schüler von Frau Siebengescheit nicht, dass es in Ordnung ist, Fehler zu machen.

Ganz anders Frau Fehlerfreund. Sie ist ihren Schülern ein gutes Vorbild, indem sie Fehler ohne Zögern zugibt. Im obigen Szenario ist sie aber noch einen entscheidenden Schritt weitergegangen: Sie hat die Gelegenheit beim Schopf ergriffen, um ihren Schülern den Unterschied zwischen den Wörtern »das« und »dass« zu verdeutlichen. Bei Frau Fehlerfreund lernen die Schüler, dass alle Menschen Fehler machen, dass es in Ordnung ist, ein Mensch zu sein, und dass es ein Zeichen von menschlicher Reife ist, wenn man zu seinen Fehlern stehen kann. Mit der Folge, dass die Schüler im Unterricht von Frau Fehlerfreund viel besser mitarbeiten und keine Angst vor ihren menschlichen Schwächen haben.

Quintessenz

Irren ist menschlich – und **unsere Schüler sollten von uns lernen können, dass es in Ordnung ist, Fehler zu machen.** Wenn uns als Lehrer ein Fehler unterläuft, ist das zugleich eine große Chance: Indem wir unseren Fehler eingestehen, zeigen wir unseren Schülern, dass man aus Fehlern oft am meisten lernt.

35 Von Auge zu Auge

Denkanstoß

Ein Vortrag vor einer Gruppe von Lehrern. Der Redner spricht im wahrsten Sinne des Wortes über die Köpfe der Lehrer hinweg, ohne ein einziges Mal Blickkontakt mit dem Publikum aufzunehmen. Er schaut mal an die Decke, mal an die Wand oder auf den Boden, aber niemals schaut er jemandem direkt in die Augen. Die Lehrer folgen verdutzt seinem Blick, schauen nach rechts und links, drehen sich um und fragen sich, wo der Redner denn hinschaue. An ihnen, so viel steht fest, hat er jedenfalls keinerlei Interesse. Sie sind sichtlich verwirrt und verlieren bald ihrerseits das Interesse. Als das Publikum allmählich unruhig wird, beginnt der Redner, Blickkontakt zu denen aufzunehmen, die unaufmerksam sind. Mit der Folge, dass die Zuhörer sich immer unwohler fühlen.

Schließlich offenbart der Redner den Zuhörern, dass er sich einen Scherz mit ihnen erlaubt hat. Er wollte ihnen demonstrieren, wie sich Schüler im Unterricht von Lehrern fühlen, die kaum je positiven Blickkontakt aufnehmen. Den Zuhörern sollte bewusst werden, wie wichtig Blickkontakt ist. »Wissen Sie«, sagte er, »der Lehrerberuf ist ein sehr persönlicher Beruf, der auf zwischenmenschlichen Beziehungen aufbaut. **Wenn Ihre Schüler nicht überzeugt sind, dass Sie sich für sie interessieren, werden sie auch keinerlei Interesse an dem haben, was Sie ihnen beibringen wollen.**«

Damit wir unsere Schüler unterrichten können, müssen wir eine Beziehung zu ihnen herstellen und ihnen zeigen, dass sie uns wichtig sind. **Eine der besten Methoden, einem Schüler zu signalisie-**

ren, dass er Ihnen wichtig ist, ist positiver Blickkontakt. Durch Ihr Vorbild – also indem Sie ihn konzentriert anschauen, während Sie mit ihm sprechen oder ihm zuhören, und eventuell ab und zu nicken – helfen Sie dem Schüler außerdem, selbst diese Fähigkeit zu entwickeln.

Manchmal blenden Lehrer beim Unterrichten Teile des Klassenzimmers aus, ohne es zu merken. Ihr Blick konzentriert sich ständig auf die Mitte oder auf die Schüler in der ersten Reihe. Schüler, die am Rande des Blickfelds eines solchen Lehrers sitzen, würdigt er nur dann eines Blickes, wenn sie den Unterricht in irgendeiner Weise stören. Dann durchbohrt er sie mit seinem gefürchteten strafenden Blick.

In solchen Situationen lernen die Schüler, dass Blickkontakt etwas ist, was es zu vermeiden gilt, also gehen Sie dem Blick des Lehrers aus dem Weg, so gut sie können. Im Unterricht eines solchen Lehrers fällt häufig der unwirsche Satz: »Schau mich an, wenn ich mit dir rede!« Ein Satz, der selbstredend wenig geeignet ist, Schülern die Bedeutung von Blickkontakt beizubringen.

Ein anderer häufiger Fehler hängt damit zusammen, dass Lehrer viel beschäftigte Leute sind. Sie haben immer etwas zu tun, und oft erfordert dieses »etwas«, sich über irgendwelche Bücher, Hefte oder Arbeitsblätter zu beugen. Ein Schüler wendet sich mit einer Frage an den Lehrer, während dieser gerade irgendetwas liest. Der Lehrer beantwortet die Frage, ohne auch nur kurz aufzublicken. Ein schwerer Fehler! Ja, Sie sind ein viel beschäftigter Lehrer, aber egal, wie viel Sie gerade um die Ohren haben – Sie sollten sich immer die Zeit nehmen, Blickkontakt zu einem Schüler aufzunehmen, der Ihre Hilfe braucht. So viel Zeit muss sein!

Lösungen und Strategien für Ihren Unterricht

Überlegen Sie, wie Sie in Ihrem Unterricht Blickkontakt bereits einsetzen – oder einsetzen könnten: Stellen Sie einen Tag lang zu jedem einzelnen Schüler bewusst positiven Blickkontakt her. Nehmen Sie die Schüler an der Tür in Empfang, schauen Sie beim Unterrichten gezielt einzelne Schüler an, und schauen Sie jedem Schüler in die

Augen, der eine Frage stellt, einen Unterrichtsbeitrag liefert und so weiter.

Wenn Ihnen das sehr ungewöhnlich oder ein wenig seltsam vorkommt, dann wissen Sie, dass Sie bewusst daran arbeiten sollten, wie Sie Blickkontakt im Unterricht einsetzen. Vermeiden Sie außerdem, einen Schüler zu fixieren, wenn Sie wütend oder frustriert sind. Man kann einem Schüler einen ernsten Blick zuwerfen, der Enttäuschung oder Sorge ausdrückt, ohne dabei wütend oder unbeherrscht zu wirken. Ein ernster Blick ist etwas anderes als ein wütender Blick.

Selbst wenn Sie zu dem Schluss kommen, dass Sie relativ oft positiven Blickkontakt zu Ihren Schülern aufnehmen – im Unterricht gibt es kein Zuviel an positivem Blickkontakt. Blickkontakt zu halten ist nämlich auch eine gutes Rezept für mehr Disziplin. In der Regel werden Schüler nur dann unaufmerksam oder stören den Unterricht, wenn der Lehrer gerade wegschaut. Schauen Sie also Ihre Schüler oft an, und hören Sie ihnen aufmerksam zu!

Quintessenz

Indem Sie positiven Blickkontakt herstellen, können Sie viel zum Aufbau einer positiven Beziehung zwischen Ihnen und Ihren Schülern beitragen. Mit wütenden Blicken tragen Sie viel zur Vergiftung der Beziehung zwischen Ihnen und Ihren Schülern bei. (Ein ernster Blick ist kein wütender Blick.) Nehmen Sie also bewusst und häufig positiven Blickkontakt auf – dann werden Sie keinen Grund haben, Schüler mit einem wütenden Blick zu fixieren, und seltener einem Schüler einen ernsten Blick zuwerfen müssen.

36

Vermeiden Sie Leerlauf

Denkanstoß

Eine Lehrerin hat uns einmal folgende Geschichte erzählt: »Es war im ersten Jahr nach dem Examen, aber ich weiß es noch, als wäre es gestern gewesen. Ich sagte zu meinen Schülern: ›Es sind nur noch eineinhalb Minuten bis zur Pause. Wenn Ihr es schafft, ruhig zu sein, gebe ich euch keine weitere Aufgabe.‹« Was folgte, war natürlich das totale Chaos, und die Lehrerin dachte völlig desillusioniert: »Na toll. Da will man ihnen mal etwas Gutes tun, und sie nutzen es sofort schamlos aus!«

Die Lehrerin wusste nicht, dass diese chaotische Situation leicht vermeidbar gewesen wäre, wenn ihr folgende Tatsache bewusst gewesen wäre: Sobald Sie einem Schüler, egal welchen Alters, zehn Sekunden keine Beschäftigung geben, sucht er sich selbst eine – darauf können Sie sich verlassen! Und es wird in den seltensten Fällen etwas Konstruktives sein. Die Lehrerin hat an jenem Tag eine wichtige Lektion gelernt: **Vermeiden Sie Leerlauf, und sorgen Sie dafür, dass Ihre Schüler stets beschäftigt sind!**

Lösungen und Strategien für Ihren Unterricht

Wie stellen Sie sicher, dass Ihre Schüler stets beschäftigt sind? Die einfachste Strategie besteht darin, Übungen zu planen, die nicht zu lang dauern. Wenn Sie beispielsweise eine Aufgabe planen, für deren Lösung Sie 30 Minuten veranschlagen, werden manche Schüler nach 15 Minuten fertig sein, während andere die gesamte Zeit brauchen oder sogar noch länger. Die Folge: Einige Schüler beginnen sich zu langweilen. Viele Lehrer sagen in solchen Fällen: »Lest in der Zwischenzeit in eurem Buch.«

Die erfolgreichsten Lehrer planen möglichst kurze Übungen, die nicht lange dauern und alle Schüler beschäftigen. Denn sie wissen: Solange die Schüler beschäftigt sind, ist die Wahrscheinlichkeit gering, dass sie den Unterricht stören. Gute Lehrer sorgen dafür, dass Schülern keine Zeit bleibt, auch nur daran zu denken, irgendetwas anzustellen. Sie planen ihre Stunden so, dass eine Übung nahtlos an die andere anschließt. Die Schüler diskutieren, lösen Probleme, arbeiten und handeln.

Hier ein paar Tipps für die Planung von handlungsorientierten Übungen, bei denen Schülern gut beschäftigt sind und bei der Sache bleiben:

- Planen Sie Übungen möglichst schülerorientiert, sodass die Schüler sich einbringen können.
- Planen Sie kurze Übungen, die an den Rest der Stunde anknüpfen.
- Gestalten Sie das Unterrichtsgespräch so, dass alle Schüler aktiv beteiligt sind. Lenken Sie Diskussionen so, dass Sie die Schüler ansprechen und zum Mitdiskutieren einladen.
- Planen Sie Übungen in Gruppenarbeit ein, bei denen jeder Schüler eine klar definierte Aufgabe hat.
- Haben Sie immer ein bis zwei zusätzliche Übungen in petto – für alle Fälle.
- Halten Sie immer eine sinnvolle Zusatzaufgabe für Schüler bereit, die früher fertig werden.

Ein Lehrer hat uns eine simple Methode verraten, einen handlungs-orientierten Unterricht zu planen: »Ich beginne bei der Unterrichts-planung mittlerweile jeden Satz mit: ›Die Schüler …‹«. Unglaublich. Eine geniale Strategie! Beginnen Sie einfach jeden einzelnen Satz in Ihrem Stundenkonzept mit »Die Schüler …«, und schon ist sicher-gestellt, dass alle Schüler aktiv am Unterricht beteiligt sind.

Quintessenz

Das beste Rezept gegen Disziplinprobleme ist ein handlungsori-entierter Unterricht.

37 Lächeln, lächeln, lächeln!

Denkanstoß

Die meisten Lehrer haben im Lauf ihrer Ausbildung zu hören bekommen, dass Unterrichten eine ernsthafte Angelegenheit sei. Als Berufsanfänger bemühen sie sich daher, stets ernst zu bleiben. Doch damit sind sie schlecht beraten. Kinder brauchen fröhliche Erwachsene um sich. Sie brauchen es, dass ihre Lehrer sie anlächeln – so oft wie möglich!

Wirklich gute Lehrer zeichnen sich unter anderem dadurch aus, dass sie **fast den gesamten Schultag über ein Lächeln auf den Lippen** haben. Ihnen ist bewusst, wie wichtig es ist, ihren Schülern Tag für Tag ein Vorbild an Fröhlichkeit zu sein. Das heißt nicht, dass sie weniger menschlich und fehlbar wären als ihre zumeist missmutigen Kollegen. Es bedeutet auch nicht, dass sie es leichter hätten und immer nur die »braven« Schüler bekämen (auch wenn ihre griesgrämigen Kollegen das gern behaupten).

Nein, sie wissen einfach, wie wichtig es ist, zu lächeln – auch und gerade in stürmischen Zeiten. Sie schaffen es, auch an schwierigen Tagen stets professionell zu wirken, und erwecken immer den Eindruck, dass ihr Beruf ihnen Spaß macht. Gleichzeitig vermeiden sie es, in Situationen zu lächeln, in denen es unangemessen wäre, etwa wenn sie einen Schüler ermahnen, der sich danebenbenommen hat. Doch allein dadurch, dass sie die meiste Zeit lächeln, verringert sich ohnehin die Anzahl der Fälle, in denen Schüler den Unterricht stören. Das Rezept ist ebenso simpel wie genial.

Lösungen und Strategien für Ihren Unterricht

Die erfolgreichsten Lehrer wenden ein ganz schlichtes Rezept an: Sie wissen, dass **es einem Schüler enorm schwerfällt, den Unterricht zu stören, während ihn der Lehrer anlächelt.** Und deshalb lächeln die erfolgreichsten Lehrer so viel wie möglich. Denken Sie ein mal darüber nach. Es ist einem Schüler fast unmöglich, sich danebenzubenehmen, während der Lehrer ihn anlächelt. Die Erfahrung zeigt: Sie können die Disziplin Ihrer Schüler dramatisch verbessern, indem Sie einfach mehr lächeln!

Diese Strategie kostet Sie keinen Cent, macht Ihnen keine zusätzliche Arbeit und funktioniert, ohne dass Sie alle Ihre Unterrichtsentwürfe komplett umschreiben müssten. Sie erspart Ihnen jede Menge Stress, fördert ein positives Lernumfeld und wirkt sich beruhigend auf die Schüler aus. Eine fröhliches, ruhiges Lernumfeld sorgt für fröhliche, produktive, disziplinierte Schüler.

Wie oft lächeln Sie Ihre Schüler an? Begrüßen Sie sie jeden Tag mit einem Lächeln? Beginnen Sie jede Stunde mit einem Lächeln? Ermutigen Sie Schüler hin und wieder, indem Sie sie anlächeln? Belohnen Sie Ihre Schüler mit einem Lächeln? Und verabschieden Sie sie am Ende jeder Stunde mit einem Lächeln? Falls nicht, dann sollten Sie an sich arbeiten! Es wird ein wenig Übung verlangen, und es mag sich zu Beginn seltsam anfühlen, aber glauben Sie uns: Es ist die Mühe wert! Suchen Sie nicht nach dem Pferdefuß – bei dieser Strategie können Sie nur gewinnen.

Quintessenz

Lächeln Sie! Lächeln Sie, wann immer sich Gelegenheit dazu bietet!

38 Seien Sie ein guter Verkäufer

Denkanstoß

Sind Sie auch schon einmal bei einer dieser Dauerwerbesendungen hängen geblieben, in denen das ultimative, geniale Produkt angepriesen wird, das alle Ihre Probleme auf einen Schlag löst? Vielleicht haben Sie nicht zugeschlagen, aber bestimmt hat es Sie Überwindung gekostet, weiterzuzappen. Dass uns solche Werbefilme derart in ihren Bann schlagen, hat seinen Grund. Eines ihrer Geheimnisse liegt in der Eindringlichkeit, mit der das Produkt beworben wird. Sie wissen schon, wir meinen Sätze wie: »Wenn Sie in den nächsten zwanzig Minuten bestellen, bekommen Sie einen Extrabonus!« – »Die ersten 500 Anrufer erhalten nicht nur einen, sondern zwei dieser unglaublichen, ewige Jugend verleihenden, das Abnehmen beschleunigenden, Falten glättenden Zauberstäbe!« – »Aber das ist noch nicht alles …«

Wenn man einem hervorragenden Lehrer beim Unterrichten zusieht, ist das fast, als sähe man einen solchen Werbefilm. Gute Lehrer unterrichten mit großer Eindringlichkeit. Sie »ködern« ihre Schüler und machen ihnen Appetit auf mehr, sodass sich die Schüler am Ende der Stunde fragen, was sie beim nächsten Mal wohl Spannendes lernen werden. Sie sind Geschichtenerzähler, Schauspieler, Verkäufer und wandelnde Werbefilme in einer Person.

Lösungen und Strategien für Ihren Unterricht

Schüler sind im Unterricht nur dann engagiert und diszipliniert, wenn sie das Gefühl haben, dass sie in jeder Stunde etwas Wichtiges lernen. Schüler kommen selten zu spät (oder schwänzen einzelne Stunden), wenn sie befürchten, etwas zu verpassen. Fangen Sie jede Stunde mit einem Satz an wie: »Ihr werdet nicht glauben, was wir heute durchnehmen«, oder: »Ich bin gespannt, wie viel ihr in der nächsten halben Stunde schaffen könnt«, oder: »Ich kann's kaum erwarten, dieses Thema mit euch zu besprechen. Heute wird es nämlich sehr lustig!« Und natürlich müssen Sie dabei selbst begeistert wirken. Ihre Begeisterung wird sich auf die Schüler übertragen, genau wie in Kapitel 12 (»Begeisterung ist ansteckend«) dargelegt.

Stellen Sie sich jetzt eine Lehrerin vor, die zu Beginn der Stunde mit ernster Miene sagt: »Schlagt eure Bücher auf Seite 134 auf.« Kein Vergleich! Zu viele Lehrer empfinden offensichtlich keine Leidenschaft für das, was sie unterrichten, und diese Lauheit überträgt sich natürlich auf die Schüler.

Eine weitere Strategie, um Ihren Worten Eindringlichkeit zu verleihen, besteht darin, sich beim Unterrichten nach vorn zu beugen wie ein Basketballtrainer, der mit seiner Mannschaft die Köpfe zusammensteckt. Ihre Körpersprache und Ihre Stimme müssen signalisieren, dass Sie begeistert sind von dem, was Sie unterrichten. Gleich, was das Thema ist – Sie müssen sich zuerst selbst dafür begeistern. Nur wenn Ihre Begeisterung aus allem spricht, was Sie sagen und tun, können Sie Ihre Schüler dafür gewinnen.

Quintessenz

Damit unsere Schüler sich diszipliniert verhalten und etwas lernen, ist es ganz wichtig, dass unser Unterricht ansprechend und eindringlich ist. Werden Sie zu einem wandelnden Werbefilm und verkaufen Sie Ihren Schülern jeden Tag etwas Neues, sodass sie immer Appetit auf mehr haben und sich schon auf die nächste Stunde freuen. Ein guter Lehrer muss auch und nicht zuletzt ein guter Verkäufer sein!

39

Vermeiden Sie es, Ihre Schüler zu überfordern

Denkanstoß

Wenn man Ihnen sagen würde, Sie sollten die Geleebonbons in einer Dose zählen, so würde Sie diese Aufgabe wohl nicht über Gebühr in Anspruch nehmen. Vielleicht bliebe Ihnen sogar Zeit, nebenbei das eine oder andere Bonbon zu kosten. Würde man Sie dagegen zu einem Schwimmbecken voller Geleebonbons führen und Ihnen auftragen, nun diese Bonbons zu zählen, dann würden Sie sich vermutlich weigern, überhaupt damit anzufangen. Warum? Weil Sie verständlicherweise die Befürchtung hätten, dass Sie das niemals schaffen können. Und selbst wenn Sie es könnten, würde es schlicht und einfach zu lange dauern. Was, wenn Sie sich auf halbem Wege verzählten? Wie frustrierend!

Allzu oft haben Schüler genau dieses Gefühl – vor allem, wenn sie sich mit dem Lernen ohnehin schwertun. Anstatt einer Dose setzen wir ihnen ein Schwimmbecken vor, mit der Folge, dass sie schon aufgeben, ehe sie es überhaupt versucht haben. Die Sache ist die: Ein Schüler, der die Bonbons in einer Dose zählen kann, ist sehr wahrscheinlich auch in der Lage, die Bonbons in einem Schwimmbecken zu zählen. Der Unterschied liegt darin, dass die eine Aufgabe ihm ein Erfolgserlebnis verschafft, die andere dagegen nur Frust.

Sie müssen den Schwierigkeitsgrad jeder Übung also auf die Fähigkeiten Ihrer Schüler zuschneiden und dabei darauf achten, die Schüler nicht zu überfordern. Auf diese Weise erreichen Sie am Ende dasselbe Ziel, erhöhen aber die Chancen, dass alle Schüler den Stoff auch bewältigen können. In Kapitel 21 haben wir vom Unterrichten in kleinen Häppchen gesprochen und erklärt, wie man eine schwierige Aufgabe in kleine, überschaubare Teilaufgaben zerlegt. In diesem Kapitel geht es eher darum, den Unterricht an das Lernniveau der Schüler anzupassen und ihnen dadurch Erfolgserlebnisse zu ermöglichen.

Lösungen und Strategien für Ihren Unterricht

Vergessen Sie nie: **Manche Aufgaben sind für manche Schüler einfach nicht zu bewältigen, auch in kleinen Häppchen nicht!** Ist ein Schüler beispielsweise nicht in der Lage, einen ganzen Satz zu formulieren, ist es wenig sinnvoll, ihm beibringen zu wollen, wie man einen Aufsatz schreibt. Bevor er viele Sätze zu einem Aufsatz zusammenfügen kann, muss er zuerst lernen, wie man Sätze formuliert, Punkt!

Wenn einem Schüler das Plusrechnen nicht in Fleisch und Blut übergegangen ist, wird er das Malnehmen nicht verstehen. Solange er nicht ordentlich addieren kann, ist es daher wenig sinnvoll, ihm das Multiplizieren zu erklären. Wenn Sie es trotzdem versuchen, und sei es auch in kleinen Häppchen, so wird er sehr schnell die Flinte ins Korn werfen und mit großer Wahrscheinlichkeit zum Störfaktor in der Klasse. In kleinen Häppchen zu unterrichten allein genügt deshalb nicht. **Das Wichtigste an einer Aufgabe, und sei sie noch so klein, ist daher, dass Sie die Schüler nicht überfordert.** Mit zunehmendem Können der Schüler können Sie auch den Schwierigkeitsgrad behutsam steigern, aber immer mit Augenmaß.

Diese Methode lässt sich natürlich nicht nur auf Bildungsziele anwenden, die im Lehrplan stehen. Ein erfolgreicher Lehrer macht sich das Prinzip in allen Bereichen zunutze. Wenn er beispielsweise einem Schüler abgewöhnen will, im Unterricht dazwischenzureden, dann versucht er das nicht von heute auf morgen zu erzwingen. Vielmehr setzt er dem Schüler kleine Ziele, die dieser auch erreichen kann. Er beginnt mit einer Übung, bei der der Schüler zum Beispiel 20 Minuten nicht dazwischenreden darf. Wenn der Schüler das geschafft hat, dehnt er den Zeitraum allmählich aus, zunächst auf 30 Minuten und schließlich auf eine ganze Schulstunde.

Hier ein weiteres Beispiel, wie man sicherstellen kann, dass die Schüler sich nicht überfordert fühlen: Nehmen wir an, in einer Klasse kommen die Schüler häufig zu spät. Warten Sie nicht bis zum Schuljahresende, um dann alle Schüler zu loben, die stets pünktlich waren. Dann wird es nicht mehr viele Schüler geben, die immer pünktlich im Unterricht erschienen sind. Sagen Sie stattdessen so etwas wie: »Liebe Schüler, habt ihr gemerkt, dass heute schon den fünften Tag in Folge alle pünktlich auf ihren Plätzen saßen? Das ist super! Eine so pünktliche Klasse unterrichtet man als Lehrer gern. Ich bin gespannt, ob wir es acht Tage am Stück schaffen!« Indem Sie Zielmarken setzen, die leicht zu erreichen sind, können Sie für eine ganze Kette von Erfolgserlebnissen sorgen!

Quintessenz

Kein erfolgreicher Läufer hat es geschafft, aus dem Stand einen Marathon zu laufen. Kein erfolgreicher Skifahrer hat sich als ersten Übungshang einen Dreitausender ausgesucht. Wer erfolgreich sein will, muss sich seinem Ziel langsam und in kleinen Schritten annähern. **Gute Lehrer verschaffen ihren Schülern täglich Erfolgserlebnisse, indem sie den Schwierigkeitsgrad innerhalb einer Unterrichtsreihe langsam steigern!**

40 Loben Sie Ihre Schüler anderen gegenüber

Denkanstoß

Um erwünschtes Verhalten bei einem Kind zu verstärken, gibt es für eine Mutter oder einen Vater kaum eine bessere Methode, als das Kind in seinem Beisein vor anderen Eltern über den grünen Klee zu loben. Um dem Ego eines Arbeitskollegen zu schmeicheln, gibt es kaum eine bessere Methode, als dafür zu sorgen, dass der Kollege erfährt, wie man ihn vor dem Chef in den höchsten Tönen gelobt hat. Für den Unterricht gilt das nicht minder. Sie wünschen sich von Ihren Schülern mehr Disziplin? Geben Sie bei anderen mit dem disziplinierten Verhalten Ihrer Schüler an, und zwar im Beisein Ihrer Schüler!

Lösungen und Strategien für Ihren Unterricht

Wenn der Schulleiter oder ein Besucher zu Ihnen in den Unterricht kommt, sollten Sie diese Gelegenheit nutzen, um positives Verhalten bei Ihren Schülern zu verstärken, indem Sie zum Beispiel sagen: »Das ist die Klasse, von der ich Ihnen schon so viel erzählt habe. Ich bin so stolz, wie gesittet die Schüler sich in Zweierreihen aufstellen, wenn wir zum Sportunterricht in die Turnhalle gehen. Und im Vorlesen sind sie wirklich eine Klasse für sich – einer besser als der andere.«

Wenn Ihre Schüler hören, wie Sie sie vor anderen loben, trägt das sehr viel zu einem positiven Verhältnis zwischen Ihnen und Ihren

Schülern bei. Außerdem steigt dadurch die Wahrscheinlichkeit, dass sie weiterhin das gewünschte Verhalten an den Tag legen.

Eine andere Möglichkeit besteht darin, Ihren Schülern davon zu berichten, wie Sie sie kürzlich vor anderen gelobt haben: »Gestern habe ich den anderen Biologielehrern erzählt, dass eure Projekte zu den besten gehören, die ich je gesehen habe. Sie haben alle gestaunt, als sie gehört haben, wie genau ihr auf Details achtet und wie gut ihr in Gruppen zusammenarbeitet.« Sie können den Schülern auch erzählen, wie Sie am Wochenende vor Ihrem Ehepartner, vor Kollegen oder gar dem Schulleiter mit ihnen angegeben haben.

Quintessenz

Denken Sie daran: Wenn Sie Ihre Schüler im Beisein anderer dafür loben, was sie in der Vergangenheit gut gemacht haben, legen Sie den Grundstein für positives Verhalten in der Zukunft! Indem Sie Ihre Schüler behandeln, als würden sie bereits Ihren Wunschvorstellungen entsprechen, erhöhen Sie die Wahrscheinlichkeit, dass sie irgendwann sogar jene Schüler übertreffen, die Sie bei anderen über den grünen Klee gelobt haben.

41 Geschickte Ablenkungsmanöver

Denkanstoß

Die beste Strategie, einen Schüler zur Änderung seines Verhaltens zu veranlassen, besteht manchmal darin, ihn aus dem Konzept zu bringen. Und das gelingt Ihnen am ehesten, wenn Sie es schaffen, seine Aufmerksamkeit auf etwas anderes zu lenken. Eltern wenden diese Methode bei ihren Kindern ständig an. Wenn ein Kind quengelt, weil es etwas nicht bekommt, was es unbedingt haben will, lenken die Eltern das Kind mit irgendeinem anderen Gegenstand ab.

In vielen Zahnarztpraxen läuft beruhigende Musik, um die Patienten von ihrer Angst vor einer möglicherweise schmerzhaften Behandlung abzulenken. Flugbegleiter erklären den Passagieren, wie sie sich im Notfall verhalten sollen, und lenken sie dann schnell von derartigen Gedanken ab, indem sie ihnen Musik, Filme (niemals solche, in denen ein Flugzeugunglück vorkommt), Essen und Getränke anbieten.

Immobilienmakler lenken uns von den negativen Details eines Hauses ab, indem sie die positiven Merkmale herausstellen und in den schönsten Farben ausmalen, wie herrlich es wäre, inmitten von all diesem Luxus zu leben und dieses Schmuckstück unser Zuhause nennen zu können. Anlageberater unterstreichen weniger die Risiken und mögliche Verluste als den Gewinn, den eine bestimmte Form der Geldanlage in Aussicht stellt. Das heißt nicht, dass sie uns nicht vor Risiken warnen, aber im Zentrum ihrer Ausführungen stehen die Gewinnaussichten. All das sind Beispiele für das, was wir hier unter »Ablenkungsmanöver« zusammenfassen.

Wenn man sie geschickt einsetzt, können solche Ablenkungsmanöver auch im Unterricht von unschätzbarem Wert sein. Erfolgreiche Lehrer sind wahre Meister darin, die Aufmerksamkeit ihrer Schüler in die gewünschte Richtung zu lenken.

Lösungen und Strategien für Ihren Unterricht

Monique schwätzt mit ihrer Banknachbarin, anstatt einen Arbeitsauftrag auszuführen. Der Lehrer schreitet sofort ein und wendet ein Ablenkungsmanöver an, indem er einfach nur Moniques Namen sagt. Monique blickt auf, gefasst auf eine Standpauke. Doch der Lehrer sagt stattdessen: »Ich wollte dich noch etwas fragen. Falls ich es vergessen sollte, erinnere mich bitte am Ende der Stunde daran.« Das ist alles. Monique weiß nicht recht, ob der Lehrer nun mitbekommen hat, dass sie geschwätzt hat, oder nicht. So oder so wird sie in aller Regel erst einmal still sein.

Falls Monique später tatsächlich zum Lehrer kommt und sagt, dass er sie noch etwas fragen wollte, denkt sich der Lehrer einfach irgendeine Geschichte aus, etwa: »Warst das du, die ich gestern im Supermarkt gesehen habe?« Und wenn Monique antwortet: »Nein, ich war gestern nicht im Supermarkt«, sagt er einfach: »Ach, dann hast du anscheinend eine Doppelgängerin.« Dass der Lehrer eigentlich nur ein Ablenkungsmanöver inszeniert hat, wird Monique nie erfahren.

John steht auf und will sich offensichtlich gerade auf den Weg zum Pult eines Mitschülers machen. Da sagt der Lehrer: »John, gehst du gerade zum Papierkorb? Hier (er bückt sich und hebt einen Papierschnipsel auf), kannst du das auch gleich wegwerfen? Danke, dass du mithilfst, das Klassenzimmer sauber zu halten!« Wie, glauben Sie, reagiert John? Er marschiert schnurstracks zum Papierkorb. Er sagt ganz bestimmt nicht: »Nee, ich wollte nur gerade Tim eine reinhauen, weil er mir eine Grimasse geschnitten hat.« Schon wieder ein geglücktes Ablenkungsmanöver!

Quintessenz

Wenn man als Lehrer mit einem potenziellen oder tatsächlichen Disziplinproblem konfrontiert ist, ist es manchmal das Effektivste, ein Ablenkungsmanöver zu inszenieren und den Schüler so aus dem Konzept zu bringen. Diese einfache Methode hat den Vorteil, dass das negative Verhalten nicht in den Mittelpunkt gerückt wird. Wenn man sie richtig anwendet, bekommt der Schüler noch nicht einmal etwas davon mit!

Durch ein geschicktes Ablenkungsmanöver kann ein Lehrer viel unerwünschtes Schülerverhalten umlenken.

42 Die Einstellung der Schüler ändern

Denkanstoß

Bevor jemand sein Verhalten ändert, muss sich zunächst seine Einstellung dazu ändern. Voraussetzung für eine erfolgreiche Schlankheitskur ist, an der eigenen Einstellung zum Essen zu arbeiten – sei es, dass man etwas daran ändert, was man isst, wie viel man isst, zu welchen Tageszeiten man isst, aus welchen Gründen man isst, und so weiter. Man wird ein Problem nicht lösen, wenn man ihm mit den drei immer gleichen Methoden zu Leibe rückt, die bisher schon keinerlei Erfolg gezeitigt haben. Man muss das Problem *anders* anpacken, und das setzt voraus, das Problem in einem anderen Licht zu sehen.

Wenn ein Schüler ein bestimmtes Schulfach nicht mag, wird sich daran nichts ändern, solange er es nicht mit anderen Augen sieht. Und an diesem Punkt kommen wir als Lehrer ins Spiel. **Damit Schüler willens und in der Lage sind, etwas zu lernen, das wir ihnen beibringen wollen, müssen wir oft zunächst an ihrer *Einstellung* zum jeweiligen Lerninhalt arbeiten.**

Lösungen und Strategien für Ihren Unterricht

Werfen wir einen Blick auf unterschiedliche Zugänge zu ein und demselben Thema.

1. Szenario: Der Fünftklässler Timmy sagt, er finde Lesen ätzend. Wozu solle Lesen gut sein? Schließlich wolle er kein Lehrer werden.

Seine Lehrerin erklärt ihm, dass er Lesen lernen müsse, weil es im Leben wichtig sei. Timmy meint, dass seine Lehrerin keine Ahnung habe, wovon sie redet. Er finde Lesen nun mal ätzend und Punkt.

Im Klassenzimmer der fünften Klasse nebenan sagt auch Tommy, er finde Lesen ätzend. Wozu solle das gut sein? Schließlich wolle er kein Lehrer werden. Seine Lehrerin fragt ihn, was er später einmal werden wolle. Tommy sagt, er möchte Rennfahrer werden. Daraufhin überzeugt ihn die Lehrerin, dass jeder Rennfahrer (ja, jeder Autofahrer) lesen können müsse. Er müsse Verkehrsschilder lesen, seine Instrumente ablesen, die Fahrprüfung bestehen. Von dieser Seite hatte Tommy das noch nie betrachtet. Die Lehrerin empfiehlt ihm ein paar Bücher über Autos, die ihn interessieren könnten.

Wer hat nun den ersten Schritt hin zu einer anderen Einstellung zum Lesen gemacht – Timmy oder Tommy? Wer von beiden wird in Zukunft mehr lesen wollen?

2. Szenario: Die Klasse von Susan nimmt den amerikanischen Bürgerkrieg durch. Susan hat Geschichtsunterricht schon immer gehasst. Im Laufe der Woche müssen die Schüler das Kapitel über den Bürgerkrieg im Schulbuch lesen, die Fragen am Ende des Kapitels beantworten, vier Arbeitsblätter ausfüllen, einen Film zum Thema anschauen und sich Notizen machen sowie für den Test am Freitag jede Menge Jahreszahlen, Namen, Schlachten und so weiter auswendig lernen. Für Susan ist der Bürgerkrieg nichts als ein langweiliges Kapitel in einem langweiligen Buch.

Im Klassenzimmer nebenan nimmt die Klasse von Sally den amerikanischen Bürgerkrieg durch. Sally hat Geschichtsunterricht schon immer gehasst. Ihre Lehrerin teilt die Klasse in Gruppen ein, von denen sich jede mit einem Teilaspekt des Bürgerkriegs beschäftigt. Dabei sollen die Schüler herausfinden, inwiefern ihr Leben heute anders aussähe, wenn der Bürgerkrieg nicht ausgebrochen wäre. Die Schüler erarbeiten sich ihr Thema im Team, tauschen sich aus und lernen, dass die Gegenwart von Ereignissen in der Vergangenheit geprägt ist. Jede Gruppe erhält detaillierte Anweisungen, nach denen sie eine Präsentation vor der ganzen Klasse erarbeiten soll. Sally lernt, dass der amerikanische Bürgerkrieg ein bedeutendes historisches Ereignis ist, das die Welt, wie sie sie kennt, nachhaltig geprägt hat.

Wer hat nun den ersten Schritt zu einer anderen Einstellung zur Geschichte gemacht – Susan oder Sally? Und wer von den beiden wird in Zukunft mehr Interesse daran haben, sich mit Ereignissen in der Vergangenheit auseinanderzusetzen?

Quintessenz

Solange ein Schüler nicht erkennen kann, inwiefern ein Unterrichtsthema für sein Leben relevant ist, werden alle Versuche, ihn zum Lernen zu bewegen, vergeblich sein. Wenn Sie ihn davon überzeugen können, dass das Thema für sein Leben von Bedeutung ist, wird sich seine Einstellung schlagartig ändern! Er wird die Unterrichtsinhalte lernen, weil Sie seine Einstellung verändert haben. **Eine unserer wichtigsten Aufgaben als Lehrer besteht darin, unseren Schülern eine andere Einstellung zum Lernen zu vermitteln** und ihnen so Appetit auf all die leckeren Dinge zu machen, die wir ihnen servieren. Denken Sie daran, dass viele Kinder Rohkost nur dann essen, wenn wir das Gemüse kunstvoll auf einer Platte anrichten – am besten mit einem Dip in der Mitte. Lernen Sie, zu unterrichten wie ein Gourmetkoch!

43

Warten Sie nicht, bis Ihnen ein Problem über den Kopf wächst

Denkanstoß

Eine der berühmtesten Serien in der amerikanischen Fernsehgeschichte war die »Andy Griffith Show«, in der Andy Griffith den Sheriff Andy Taylor spielte. Von Andy und Co. konnte man so ziemlich alles lernen, was man über das Leben wissen sollte. Der heimliche Star der Serie war jedoch nicht der ruhige und besonnene Sheriff Taylor, sondern sein legendärer Hilfssheriff Barney Fife. Dieser verkörperte das genaue Gegenteil von Gelassenheit und Besonnenheit, aber ab und zu hatte er sehr kluge Einsichten. Sein wohl berühmtester Ausspruch war: »Wenn du das Unkraut nicht im Keim erstickst, wächst es dir über den Kopf!« Damit betonte er, **wie wichtig es ist, kleine Probleme anzupacken, bevor sie sich zu großen Problemen auswachsen können.** Was heißt das für uns als Lehrer?

Lösungen und Strategien für Ihren Unterricht

Die erfolgreichsten Lehrer sind sich darin einig, dass wir tagtäglich daran arbeiten müssen, Probleme »im Keim zu ersticken«, indem wir bei kleineren Problemen sofort reagieren, ehe sie sich zu massiven Problemen auswachsen oder gar zur Gewohnheit werden. **Ein Lehrer darf nicht tatenlos dabei zusehen, wie aus einem kleinen Ärgernis eine große Beeinträchtigung des Unterrichts wird.**

Es ist viel leichter, die Eltern anzurufen und um ihre Mithilfe zu bitten, solange ein Disziplinproblem oder der Leistungsabfall bei einem Schüler noch überschaubar ist, als wenn Ihnen das Problem bereits über den Kopf gewachsen ist, Sie nicht mehr weiterwissen, die Noten des Schülers sich deutlich verschlechtert haben oder die Disziplinprobleme eskaliert sind.

Ebenso ist es klüger, sofort und unter vier Augen mit einem Schüler zu sprechen, dem schon bei Betreten des Klassenzimmers anzusehen ist, dass etwas nicht in Ordnung ist. Wenn Sie das Problem ignorieren, werden sich die angestauten Gefühle häufig in unangemessenem Verhalten äußern. (In Kapitel 16 haben wir Beispiele für Dinge aufgelistet, über die Sie als Lehrer besser hinwegsehen sollten. In diesem Kapitel geht es um Dinge, die sich zu ernsthaften Problemen entwickeln können und daher eine sofortige Reaktion erfordern.)

Wichtig ist auch, dass Sie mit Ihrer Reaktion auf ein Problem nicht selbst zur Eskalation beitragen. Sie werden ein Disziplinproblem kaum im Keim ersticken, indem Sie den Unterricht unterbrechen und einen Schüler vor der ganzen Klasse bloßstellen. Vielmehr wird ein solches Vorgehen mit an Sicherheit grenzender Wahrscheinlichkeit zur Folge haben, dass in Ihrem Garten bald noch mehr Unkraut sprießt!

Quintessenz

Erfolgreiche Lehrer erkennen potenzielle Probleme schon im Ansatz und ersticken sie im Keim, ehe sie ihnen über den Kopf wachsen können. Das ist der Grund, weshalb gute Lehrer selten mit schwerwiegenden Disziplinproblemen zu kämpfen haben. Sie sind im Unterricht mit den gleichen Herausforderungen konfrontiert wie weniger erfolgreiche Lehrer, denn auch sie haben es mit Kindern zu tun. Und Kinder verhalten sich nun einmal wie Kinder, auch wenn das für weniger erfolgreiche Lehrer manchmal überraschend ist. Im Übrigen ist es, ebenfalls zur Überraschung mancher Lehrer, keineswegs so, dass die erfolgreichen Lehrer »immer die braven Kinder erwischen«. Der Unterschied besteht darin, dass **gute Lehrer Probleme täglich im Keim ersticken – sodass in ihrem Garten nur schöne Pflanzen wachsen und gedeihen.**

44 Fragen Sie nach ihren Träumen

Denkanstoß

Jeder Schüler hat einen Traum. Doch leider haben viel zu viele Lehrer von den Träumen ihrer Schüler nicht die geringste Ahnung. Eine Brennpunktschule rief eine externe Bildungsberaterin zu Hilfe, um »die Probleme mit den Schülern« in den Griff zu bekommen. **Die Lehrer**, so sagte man der Beraterin, **gäben ihr Bestes, aber den Schülern sei das völlig egal.** Da alle bisherigen Maßnahmen gescheitert waren, wandte sich die Schulaufsichtsbehörde in einem letzten, verzweifelten Versuch an diese Beraterin, die eine Expertin für schulische Disziplin war. Die Beraterin bat, alle Lehrer an der Schule im Unterricht besuchen zu dürfen. Die Lehrer sollten rechtzeitig über ihr Kommen in Kenntnis gesetzt werden, damit sich niemand überfallen fühlte. Die Beraterin wollte sichergehen, dass die Lehrer Zeit hatten, sich vorzubereiten, und sich von ihrer besten Seite zeigen konnten.

Dann begannen die Unterrichtsbesuche. In keinem einzigen Klassenzimmer kam es zu schwerwiegenderen Disziplinverstößen als Unaufmerksamkeit, Schwätzen und gelegentlichen respektlosen Äußerungen seitens der Lehrer und der Schüler. Nur: Unterricht im eigentlichen Sinn fand praktisch nicht statt. In den allermeisten Klassenzimmern taten die Schüler nichts anderes, als Kapitel im Schulbuch zu lesen, Fragen zu beantworten, Arbeitsblätter auszufüllen, Notizen zu machen und so weiter. Wie sollten sie da begeistert oder engagiert sein?

Nur eine einzige Lehrerin unterrichtete mit spürbarer Begeisterung und großem Engagement. Es wird Sie wenig überraschen zu hören, dass diese Lehrerin keinerlei Disziplinprobleme hatte. Sie war bei allen Schülern beliebt und bei vielen ihrer Kollegen verhasst. Nennen wir sie Frau Glücklich.

Am Ende jedes Unterrichtsbesuches führte die Beraterin ein Gespräch mit der Klasse und stellte jedem Schüler eine einfache Frage: »**Was ist dein Traum?**« Zur Überraschung der Lehrer (mit Ausnahme von Frau Glücklich, die die Träume ihrer Schüler bereits kannte) hatte jeder einzelne Schüler einen Traum und zögerte keine Sekunde, ihn vor allen anderen zu nennen! Die meisten Lehrer gaben hinterher zu, sie hätten nicht die geringste Ahnung gehabt, dass eine ihrer Schülerinnen Tierärztin werden wolle, ein anderer Schüler Krankenpfleger, wieder andere Trainer oder – auch das gab es – Lehrer!

Und warum wussten sie nichts davon? Weil sie nie gefragt hatten. Im Fall der Schülerin, die später Tierärztin werden wollte, erfuhr die Lehrerin zu ihrer Überraschung, dass die Schülerin drei Nachmittage in der Woche unbezahlt in einer Tierarztpraxis half. Die Lehrerin sagte: »Das hätte ich ihr nie zugetraut!« Kein Wunder, dass sie nichts von alldem ahnte. Wie sollte sie auch, wenn sie sich niemals die Zeit genommen hatte zu fragen?

Lösungen und Strategien für Ihren Unterricht

Ehe man einen Schüler unterrichten kann, muss man ihn zunächst erreichen. Und da die Lehrer im obigen Beispiel mit einer rühmlichen Ausnahme gar nicht versucht hatten, ihre Schüler persönlich zu erreichen, überrascht es nicht, dass sie Schwierigkeiten hatten, sie zu unterrichten. Ganz zu schweigen davon, dass die meisten Unterrichtsaktivitäten didaktisch völlig ungeeignet waren.

Frau Glücklich dagegen kannte die Träume aller ihrer Schüler. Sie interessierte sich für ihre Schüler und hatte sich die Zeit genommen, sie als Menschen kennenzulernen. Außerdem plante sie ihre Stunden so, dass ihre Schüler aktiviert wurden, sich am Unterricht beteiligten und mehr lernten.

Das Rezept ist also einfach: **Interessieren Sie sich für Ihre Schüler und finden Sie heraus, was sie als Menschen ausmacht!**

Quintessenz

Kennen Sie die Träume Ihrer Schüler? Wissen Sie, wer Ihre Schüler sind – jenseits ihrer Schulbücher und ihrer Hefte? Wissen Ihre Schüler, dass Sie sich für sie interessieren? Bemühen Sie sich ganz bewusst, ihnen zu zeigen, dass Sie sie als Menschen wahrnehmen und schätzen, als Menschen, die Träume haben? Machen Sie es wie Frau Glücklich und gehen Sie auf Entdeckungsreise. Entdecken Sie die Träume Ihrer Schüler!

45 Arbeiten Sie an Ihrer Körpersprache

Denkanstoß

Wenn Sie frustriert sagen: »Ja super« – meinen Sie dann wirklich, dass alles wunderbar ist? Natürlich nicht. Wenn Sie dagegen mit einem Lächeln auf den Lippen und Begeisterung in der Stimme sagen: »Ja super!«, bedeutet das doch, dass Sie tatsächlich glücklich und begeistert sind? (Die gleichen Worte, unterschiedliche Körpersprache.)

Was passiert, wenn Sie den Kopf schütteln und gleichzeitig »Ja!« sagen? Kommt bei Ihrem Gegenüber ein »Ja« oder ein »Nein« an? Schwer zu sagen, nicht wahr? Stellen Sie sich vor, eine Mutter sagt zu ihrem Sohn, der gerade den Anzug für den Abschlussball angezogen hat: »Wie du aussiehst!« Stellen Sie sich zum Vergleich vor, dieselbe Mutter sieht denselben Sohn völlig verdreckt ins Wohnzimmer hereinkommen und sagt: »Wie du aussiehst!« In der einen Situation ist die Mutter stolz, in der anderen ärgerlich – aber die Worte sind in beiden Fällen die gleichen. So ist es im Leben, und so ist es auch im Unterricht.

Allzu oft gerät ein Lehrer mit einem Schüler aneinander. Für den Lehrer ist das keine große Sache. Er hat die Angelegenheit auf dem Nachhauseweg schon wieder vergessen. Das liegt daran, dass er seine eigene Körpersprache ja nicht gesehen und nur an die Worte gedacht hat. Der Schüler dagegen hat die Worte seines Lehrers kaum gehört, weil er so sehr damit beschäftigt war, dessen Körpersprache zu lesen. Am nächsten Tag taucht in der Sprechstunde des Lehrers ein wütender Vater oder eine wütende Mutter auf und wirft ihm

Dinge vor, die er gar nicht gesagt hat. Sagen wir so: Er hat das, was ihm von den Eltern in den Mund gelegt wird, zwar nicht gesagt, aber er hat es mit seiner Körpersprache zum Ausdruck gebracht.

Unsere Körpersprache kommt bei den Schülern viel deutlicher an als das, was wir mit Worten sagen. Den erfolgreichsten Lehrern ist das bewusst, und deshalb achten sie sehr genau auf ihre Körpersprache im Unterricht.

Sie sind immer noch nicht überzeugt? Vielleicht haben Sie oder jemand in Ihrem Freundeskreis einen Hund. Gehen Sie zu ihm hin, lächeln Sie, tun Sie so, als wären Sie ganz aus dem Häuschen, ihn zu sehen, streicheln Sie ihm über den Kopf, und sagen Sie mit zuckersüßer Stimme: »Böser Hund, böser Hund.« Der Hund wird glauben, er werde gelobt, denn er hört ja nur auf den Klang Ihrer Stimme und »liest« Ihre Körpersprache. Ihre Worte sagen ihm gar nichts. Bei Menschen ist es letztlich nicht anders als bei Tieren: Was zählt, ist weniger, was Sie sagen, als vielmehr, wie Sie es sagen und wie Sie dabei wirken!

Ein weiteres Beispiel: Wenn ein Vater seinem Sohn zehn Jahre lang jeden Tag erklärt, ehrlich währe am längsten, dann aber ein einziges Mal vor seinem Kind lügt, wird sein Handeln mehr Einfluss auf das Kind haben als die jahrelangen Ermahnungen. Erwischt der Vater den Sohn dann wieder einmal bei einer Lüge und bestraft ihn dafür, wird dieser höchstwahrscheinlich sagen: »Aber du hast doch auch gelogen!« Diese Erfahrung wird Ihnen jeder Vater und jede Mutter bestätigen.

Lösungen und Strategien für Ihren Unterricht

Unser Handeln spricht eine weitaus deutlichere Sprache als unsere Worte! Allzu vielen Lehrern ist es zum Verhängnis geworden, dass sie sich diese Tatsache nicht hinreichend bewusst gemacht haben. Bei dieser Strategie geht es also darum, die **Tatsache zu akzeptieren, dass Ihre Schüler viel mehr auf Ihre Taten achten als auf Ihre Worte.** Deshalb ist es so wichtig, niemals im Affekt zu handeln, niemals einem Schüler zu zeigen, dass er einen wunden Punkt bei Ihnen getroffen hat, und niemals einen Schüler wütend mit Ihrem

Blick zu fixieren. Damit demonstrieren Sie nicht, dass Sie die Situation unter Kontrolle haben, sondern dass Ihnen die Kontrolle entglitten ist! (Vgl. hierzu Kapitel 50.)

Der Trick besteht darin, permanent auf Ihre Körpersprache zu achten. Sie müssen durch Ihre Körpersprache vermitteln, dass Sie ein professioneller Lehrer sind, der stets Herr der Lage ist. Alle Lehrer, auch die besten von uns, können an Ihrer Körpersprache im Unterricht arbeiten. Allzu viele Lehrer wirken beim Unterrichten viel zu ernst. Sie vergessen, wie wichtig es ist, stets freundlich zu sein und den Eindruck zu vermitteln, dass sie ihren Beruf lieben und sich in jeder Sekunde im Griff haben.

Arbeiten Sie an Ihrer Körpersprache. Nehmen Sie sich beim Unterrichten auf Video auf und analysieren Sie die Aufnahme. Sie müssen es ja niemand anderem zeigen. Wahrscheinlich werden Sie feststellen, dass Sie weniger fröhlich und begeistert rüberkommen, als Sie sich beim Unterrichten gefühlt haben. Zählen Sie beim Auswerten des Videos, wie oft Sie gelächelt haben, wie häufig Sie einen Schüler gelobt haben, und achten Sie auf die Reaktionen der Schüler. Bei dieser Übung können Sie eine Menge lernen. Falls Sie nicht den Mut aufbringen, ein Video von sich selbst anzuschauen, achten Sie wenigstens jeden Tag aufs Neue bewusst auf Ihr Handeln.

Quintessenz

Ihr Handeln spricht eine deutlichere Sprache als Ihre Worte, und Ihre Schüler achten sehr viel mehr das, was Sie tun, als auf das, was Sie sagen. **Bemühen Sie sich daher bewusst, möglichst freundlich zu wirken und Ihrer Stimme einen angenehmen Klang zu geben.** Auf positive Lehrer reagieren Schüler viel besser, und sie verhalten sich bei diesen Lehrern im Unterricht disziplinierter. Sie als Lehrer geben die Stimmung in Ihrem Unterricht vor. Sorgen Sie für eine positive Grundstimmung!

46 Kein Job für die Mühseligen und Beladenen

Denkanstoß

Wie viele Durchhänger kann sich ein Chirurg im Jahr erlauben? An wie vielen Tagen würden Sie ihm zugestehen, dass er keinen guten Tag hat und heute einmal nicht sein Bestes geben muss? Wohl an keinem einzigen. Wie viele schlechte Tage würden Sie einem Piloten zugestehen? An wie vielen Tagen ist es in Ordnung, wenn er ausnahmsweise einmal nicht so genau darauf achtet, was die Instrumente anzeigen? Doch wohl an keinem einzigen.

Und wie viele Durchhänger darf sich ein Lehrer herausnehmen? Wir gehen davon aus, dass Sie auch diese Frage mit »Keinen einzigen« beantworten würden. Aber kennen wir nicht alle Lehrer, die offensichtlich mehr schlechte Tage haben als gute? Sicher haben auch Sie Kollegen, die auf die Frage »Hallo, wie geht's dir heute?« eigentlich nie eine positive Antwort haben. Bei allem, was solche Kollegen Ihnen dann vorjammern, bedauern Sie bald, die Frage überhaupt gestellt zu haben.

Solche Kollegen erzählen Ihnen, was für ein schönes Leben sie hätten – wenn sie doch nur fünf nervige Schüler abgeben könnten, wenn sie sich einen neuen Schulleiter wünschen dürften, wenn heute schon Freitag wäre, wenn sie mehr Gehalt bekämen, wenn sie nicht ständig Unterrichtsentwürfe schreiben müssten, wenn Sie kein Korrekturfach hätten, wenn die Eltern kooperativer wären. Nur: Würde man ihnen die fünf nervigen Schüler abnehmen, ihrem Wunsch nach einem neuen Schulleiter entsprechen und so weiter, würden sie sich über etwas anderes beschweren. Und gegenüber ihren Schülern sind solche Kollegen in der Regel noch negativer als gegenüber ihren Kollegen!

Fragen Sie einen guten Lehrer, wie es ihm heute geht, und er wird Ihnen stets mit einem Lächeln antworten: »Gut! Und selbst?« – unabhängig von seinen aktuellen Lebensumständen. Ein solcher Lehrer ist sich seiner Vorbildfunktion und seiner Verantwortung als professioneller Pädagoge bewusst. Er weiß: Aus Gründen der Professionalität und um seiner Schüler willen ist es seine Pflicht, fröhlich und enthusiastisch zu sein – unabhängig von seinen derzeitigen Lebensumständen, egal, womit er sich zu Hause oder in der Schule gerade herumschlagen muss, und egal, wie müde er sein mag!

Lösungen und Strategien für Ihren Unterricht

Das Rezept lautet: Nehmen Sie sich ein Beispiel an den erfolgreichsten Lehrern und **verhalten Sie sich in allen Situationen professionell!** Hier einige Tipps, wie Sie dieses Ziel erreichen können:

- Setzen Sie ein Lächeln auf, sobald Sie das Schulgebäude betreten. Achten Sie darauf, dass Sie es für den Großteil des Tages aufbehalten.
- Grüßen Sie jeden freundlich, der Ihnen begegnet.
- Rufen Sie sich tagtäglich in Erinnerung, wie wichtig es ist, Ihren Schülern ein gutes Vorbild zu sein.
- Unterrichten Sie stets mit Begeisterung für die Sache.
- Widerstehen Sie der Versuchung, über irgendjemanden schlecht zu reden.
- Widerstehen Sie der Versuchung, sich zu beklagen.
- Erzählen Sie nie Ihren Kollegen, wie müde und überarbeitet Sie sind. Ihre Kollegen sind kein bisschen weniger müde.
- Lösen Sie Probleme, statt sie zu suchen.

Quintessenz

An guten Tagen ist es keine Kunst, einen fröhlichen und professionellen Eindruck zu machen. Wenn man einen schlechten Tag hat, ist es sehr viel schwieriger, gut gelaunt, enthusiastisch, professionell und voller Energie zu wirken. Doch gerade an solchen Tagen müssen Sie all Ihren Mut und Ihre ganze Kraft zusammennehmen und schauspielern, was das Zeug hält! An einem Tag, an dem Sie das beim besten Willen nicht bewerkstelligen können, sollten Sie besser zu Hause bleiben.

Unterrichten ist ein anstrengender, ermüdender Job. Aber **es ist sehr viel ermüdender, den ganzen Tag zu jammern, als den ganzen Tag Optimismus zu verbreiten!** Manchmal haben wir als Lehrer das Gefühl, dass die Arbeit kein Ende nimmt, Sitzungen eine Ewigkeit dauern, eine neue, innovative Unterrichtsmethode die andere jagt – und dass unsere Schüler uns bei alledem mehr brauchen denn je. Lehrer zu sein, Vorbild zu sein, die Zukunft junger Menschen zu beeinflussen, das ist eine große Herausforderung. Stellen Sie sich der Herausforderung, und gehen Sie professionell damit um!

47 Ein schlechtes Gewissen kann ganz nützlich sein

Denkanstoß

Wird ein Schüler ermahnt, so zeigt er in der Regel eine von zwei Reaktionen: Entweder er fühlt sich ertappt, oder er wird wütend. Ausschlaggebend ist dabei die Art, wie der Lehrer auf sein Fehlverhalten reagiert. Wenn der Lehrer wütend wird, so löst das wahrscheinlich auch beim Schüler Wut aus. Hat der Schüler dagegen Gewissensbisse, so sieht seine Reaktion ganz anders aus. Wenn der Schüler Schuldgefühle entwickelt, stehen die Chancen gut, dass sich sein Verhalten zum Positiven verändert. Wenn der Schüler jedoch wütend ist, so wird er versuchen, sein Verhalten zu rechtfertigen, egal, was er angestellt hat. Sein Verhalten wird sich nicht nur nicht verbessern, sondern wahrscheinlich sogar verschlimmern. Er sagt sich: »Na warte, dir werd ich's zeigen!« Die Folgen können Sie sich ausmalen.

Wenn Sie einem Schüler wegen seines Verhaltens ein schlechtes Gewissen machen, trägt das häufig dazu bei, dass sich sein Verhalten bessert. Wenn Sie einen Schüler wegen seines Verhaltens wütend machen, ist die Konsequenz fast immer, dass sich sein Verhalten verschlechtert.

Lösungen und Strategien für Ihren Unterricht

Bevor wir Ihnen erklären, wie Sie Gewissensbisse zu Ihrem Vorteil einsetzen können, wollen wir ganz klar sagen, dass wir damit nicht meinen, Schüler an den Pranger zu stellen. **Einem Schüler ein paar Gewissensbisse zu machen ist etwas ganz anderes, als ihn vor der Klasse bloßzustellen.** Ersteres nützt, Letzteres schadet nur. Schauen wir uns dazu zwei ganz unterschiedliche Beispiele an.

Lehrerin A muss sich einen Tag lang vertreten lassen. Ihre kleinen Engel werden an jenem Tag zu kleinen Teufeln. Bei ihrer Rückkehr erfährt sie vom alles andere als löblichen Verhalten ihrer Klasse. Nach einigem Überlegen beschließt sie, ihren Schülern deswegen ein schlechtes Gewissen zu machen. Zu Beginn des Schultags sagt sie: »Ihr müsst mir nichts darüber erzählen, was gestern hier los war. Ich weiß über alles Bescheid. Was ich da hören musste, konnte ich gar nicht glauben. Ich habe die ganze Nacht nicht geschlafen, und heute Nacht wird es wahrscheinlich nicht anders sein. Ihr glaubt gar nicht, wie enttäuscht ich von euch bin. Am meisten schmerzt mich, dass ich keinem von euch je zugetraut hätte, was mir da zu Ohren gekommen ist. Die arme Vertretungslehrerin! Ich darf gar nicht daran denken, dass meine lieben Schüler ihr so etwas angetan haben. Ich kann gar nicht mehr darüber reden. Machen wir uns an die Arbeit.« Bevor sie irgendetwas anderes sagen kann, entschuldigen sich die Schüler einer nach dem anderen bei ihr. Einige haben Tränen in den Augen. Jetzt haben sie ein schlechtes Gewissen, weil sie sich so unmöglich verhalten haben.

Wie hat die Lehrerin das geschafft? Sie ist nicht wütend geworden, sondern hat den Schülern gezeigt, wie enttäuscht sie von ihnen ist. Sie hat sich nicht provozieren lassen, sondern deutlich gemacht, wie sehr sie das Verhalten ihrer Schüler getroffen hat. Da sie ihren Schülern stets mit Zuneigung und Respekt begegnet, bringen ihr auch die Schüler Zuneigung und Respekt entgegen. Deshalb ist es für die Schüler ein schreckliches Gefühl, ihre Lehrerin so enttäuscht zu haben. Ohne dass die Lehrerin es vorgeschlagen hätte, einigen sich die Schüler darauf, sich in einem Brief bei der Vertretungslehrerin zu entschuldigen. Sie versichern ihrer Lehrerin, dass ihnen das Ganze wirklich leidtut. Und das sagen sie nicht nur so, sie haben wirklich ein schlechtes Gewissen. Eine Lektion fürs Leben!

Lehrerin B muss sich einen Tag lang vertreten lassen. Ihre Schüler sind auch sonst keine Engel, aber an diesem Tag werden sie zu wahren Teufeln. Bei ihrer Rückkehr erfährt sie vom alles andere als löblichen Verhalten ihrer Klasse. Sie geht in die Luft, ohne lange nachzudenken. Als ihre Schüler am Morgen ins Klassenzimmer kommen, schlägt ihnen eine Woge der Wut entgegen. Kaum dass alle auf ihren Plätzen sitzen, sagt sie: »Also: Was habt ihr zu eurer Verteidigung vorzubringen?« Keiner sagt ein Wort, keiner schaut sie an, alle Schüler haben den Blick gesenkt. »Raus mit der Sprache!«, fährt sie fort. »Ich will eine Erklärung dafür hören, was gestern hier vorgefallen ist!« Wieder folgt keine Antwort, alle Schüler weichen ihrem Blick aus.

Das macht die Lehrerin nur noch wütender: »Ich weiß genau, was ihr gemacht habt, und jeder Einzelne von euch wird teuer dafür bezahlen! Wie stehe ich denn da, wenn man mir erzählt, dass die Vertretungslehrerin nach einem Vormittag mit euch in Tränen aufgelöst war?« Daraufhin ruft sie einzelne Schüler auf, holt sie nach vorne und stellt sie vor der ganzen Klasse an den Pranger. Diese rechtfertigen sich mit dem Hinweis, die anderen hätten genauso mitgemacht. Die Lehrerin verhängt mehrere Strafen über die ganze Klasse – sie lässt sich immer neue und härtere Strafen einfallen, die mit dem Verhalten der Schüler in keinem Zusammenhang stehen.

Die Schüler sind derartige Reaktionen von ihrer Lehrerin gewohnt, da diese sie selten mit Achtung und Respekt behandelt. Ihr Verhalten am Tag zuvor tut den Schülern kein bisschen leid. Sie sind viel zu sehr damit beschäftigt, ihre Wunden zu lecken und Rachepläne zu schmieden. Was für eine Lektion fürs Leben!

Quintessenz

Wie das erste Szenario zeigt, ist ein schlechtes Gewissen manchmal nicht das Schlechteste. Allerdings sollte man dieses Rezept sehr sparsam und mit Bedacht einsetzen. Wenn Sie einem Schüler bei jedem Fehlverhalten Gewissensbisse einzureden versuchen, wird er gegen Ihre Einflüsterungen schnell immun werden und Sie als Lehrer nicht mehr ernst nehmen. Damit wird die ganze Strategie wirkungslos. **Machen Sie sich das Rezept also zunutze, aber gehen Sie sparsam damit um.**

48 Bewältigungs-strategien für Stress vermitteln

Denkanstoß

Geraten Kinder in Stresssituationen, so greifen sie auf die Bewältigungsstrategien zurück, die sie gelernt haben. Leider ist das Arsenal an Bewältigungsstrategien bei manchen Schülern ziemlich überschaubar. Tatsache ist jedoch, dass Stresssituationen keinem Kind erspart bleiben. Wenn wir ihnen nicht beibringen, mit Stress angemessen umzugehen, entwickeln sie ihre eigenen Strategien. Wäre die Welt vollkommen, so würde jedes Kind von seinen Eltern Bewältigungsstrategien für alle denkbaren Problemsituationen vermittelt bekommen. Aber wir leben nun einmal nicht in einer vollkommenen Welt.

Ist es nicht so, dass viele Ihrer Schüler so elementare Dinge nicht können, wie sich bei jemandem zu entschuldigen? Wenn Sie ihnen sagen, sie sollen sich entschuldigen, schlurfen sie nach vorne, verschränken ihre Arme und pressen zwischen den Zähnen ein »Tschuldigung« hervor. Nicht gerade die liebenswürdigste, angemessenste und ehrlichste Art und Weise, sich zu entschuldigen.

Wie oft rollen Ihre Schüler mit den Augen, schleudern anderen hasserfüllte Blicke zu oder werden aggressiv, wenn sie sich über etwas ärgern? Haben Sie sich je überlegt, dass diese Schüler einfach die Bewältigungsstrategien anwenden, die sie kennen?

Mit solchen Situationen ist jeder Lehrer im Unterricht konfrontiert. Als Lehrer haben Sie daher nur zwei Möglichkeiten: **Sie können sich darüber beklagen – oder Sie können etwas dagegen unternehmen.** Da wir davon ausgehen, dass Sie lieber etwas dagegen unternehmen wollen, zeigen wir Ihnen im Folgenden, wie Sie Ihren Schülern beibringen können, mit Stresssituationen umzugehen.

Lösungen und Strategien für Ihren Unterricht

Grundsätzlich haben Sie zwei Möglichkeiten, Ihren Schülern Bewältigungsstrategien zu vermitteln: Sie können ihnen die entsprechenden Strategien beibringen oder vorleben. Wir behandeln hier beide Möglichkeiten getrennt, aber in der Praxis geht beides natürlich ineinander über, da ein guter Lehrer immer auch ein gutes Vorbild ist.

Mit »beibringen« meinen wir in diesem Zusammenhang, dass Sie mit Ihren Schülern über angemessene Bewältigungsstrategien diskutieren und Ihnen verschiedene Arten erklären sollten, mit Stresssituationen umzugehen. Warten Sie nicht, bis es zu einer solchen Stresssituation kommt und der Schüler auf inakzeptable Weise darauf reagiert. Planen Sie vielmehr schon im Vorfeld ein, an geeigneter Stelle darüber zu sprechen, dass Wut, Trauer, Frustration und so weiter ganz natürliche und menschliche Gefühle sind.

Diskutieren Sie mit Ihren Schülern über gesunde und angemessene Möglichkeiten, mit solchen Gefühlen umzugehen. Als Lehrmethode für die Vermittlung effektiver Bewältigungsstrategien besonders geeignet sind Rollenspiele. Entscheidend ist, dass es nicht bei einer einzigen Stunde zu dem Thema bleibt. Rufen Sie Ihren Schülern vielmehr von Zeit zu Zeit angemessene Bewältigungsstrategien in Erinnerung, und beobachten Sie, inwiefern sie diese auch tatsächlich anwenden.

Mit »vorleben« meinen wir in diesem Zusammenhang, dass Sie Ihren Schülern ein Vorbild sein sollten, indem Sie in Stresssituationen selbst auf angemessene Bewältigungsstrategien zurückgreifen. (Dieses Thema haben wir in diesem Buch schon mehrmals angesprochen, als wir betont haben, wie wichtig es ist, sich als Lehrer professionell zu verhalten – unter allen Umständen und koste es, was es wolle.) Vergessen Sie nicht, dass Schüler viel mehr auf das achten, was Sie *tun*, als auf das, was Sie *sagen*!

Entscheidend ist, dass Sie Ihre Schüler regelmäßig daran erinnern, welche Bewältigungsmechanismen in einer bestimmten Situation angemessen sind. Zögern Sie nie, in solchen Situationen auch die Eltern um Unterstützung zu bitten. Solange Sie professionell mit der Situation umgehen, werden die Eltern Ihre Umsicht und Ihr Engagement für ihr Kind sehr zu schätzen wissen.

Das bedeutet nicht, dass Sie jedes Mal die Eltern anrufen sollen, wenn ein Schüler sich nicht ordentlich entschuldigt. Aber wenn sich ein bestimmtes Muster abzeichnet und Sie feststellen, dass ein Schüler immer wieder Schwierigkeiten hat, mit seinen Gefühlen umzugehen, dann sollten Sie darüber auch die Eltern informieren.

Quintessenz

Wenn Sie im Unterricht über effektive Bewältigungsstrategien sprechen, profitieren davon alle Schüler. Auch denen, die von ihren Eltern entsprechende Fähigkeiten vermittelt bekommen haben, kann eine gelegentliche Auffrischung oder eine praktische Übung nicht schaden. Viele Schüler haben nie gute Bewältigungsstrategien gelernt und entwickeln daher ihre eigene Art und Weise, mit ihren Gefühlen fertig zu werden. Das Ergebnis ist in der Regel nicht gerade im Sinne des Lehrers. Warten Sie also nicht, bis es zu spät ist, und vermitteln Sie Ihren Schülern Bewältigungsstrategien, bevor diese in eine Stresssituation geraten. Erinnern Sie Ihre Schüler immer wieder an diese Strategien, leben Sie sie ihnen vor, und loben Sie sie, wenn sie darauf zurückgreifen.

49

Zuhören, zuhören, zuhören!

Denkanstoß

Erwachsene sind oft versucht, Kindern die Lösung ihrer Probleme abzunehmen, anstatt sie dazu zu bringen, auf ihre eigenen Problemlösefähigkeiten zurückzugreifen. Manchmal ist es gar nicht nötig, dass wir Kindern ihre Probleme abnehmen. Manchmal genügt es, ihnen zuzuhören. Vielen Schülern hat noch nie jemand wirklich zugehört. Wie oft bekommen Kinder zu hören: »Jetzt hör mal gut zu!« Dagegen hat so manches Kind niemanden, der ihm zuhört. **Mithilfe eines guten Zuhörers können Kinder ihre Probleme oft selbst lösen.** Und zum Erwachsenwerden gehört nun einmal dazu, dass sie lernen, ihre Probleme teilweise selbst zu lösen. Daher sollten wir es uns verkneifen, in die Bresche zu springen und ihnen alles abzunehmen – auch wenn wir oft versucht sind, genau das zu tun. Aber wir können etwas anderes für sie tun: Wir können ihnen zuhören! **Alle guten Lehrer sind gute Zuhörer.** Und wenn man sie fragt, wie sie zu guten Zuhörern geworden sind, sagen sie, dass sie immer daran arbeiten, diese Fähigkeit zu vervollkommnen, und sich selbst immer wieder daran erinnern, dass Kinder jeden Tag gute Zuhörer um sich brauchen.

Lösungen und Strategien für Ihren Unterricht

Ein guter Zuhörer zu werden erfordert viel Übung. Wir müssen uns ganz bewusst darauf konzentrieren, auch wenn uns das oftmals schwerfällt, weil wir dem anderen unbedingt helfen wollen und deshalb dazu neigen, das Gespräch an uns zu reißen und das Problem für ihn zu lösen – anstatt einfach nur still zu sein und zuzuhören.

Um ein guter Zuhörer zu werden, müssen Sie sich klarmachen, was einen guten Zuhörer ausmacht. Wir haben erfolgreiche Lehrer gefragt, welche Strategien sie beim Zuhören anwenden. Hier einige ihrer Antworten:

- »Ich sage sehr häufig ›Verstehe‹.«
- »Ich werfe Fragen ein wie ›Was ist in dir vorgegangen, als dir das passiert ist?‹, ›Was solltest du deiner Meinung nach jetzt tun?‹ oder ›Wie glaubst du solltest du damit umgehen?‹. Oft bin ich überrascht, wie viel Reife aus ihren Antworten spricht und wie gut sie ihre eigenen Probleme lösen können.«
- »Ich halte ständig Blickkontakt zu einem Schüler, der mir etwas erzählt.«
- »Auch wenn ich vielleicht nicht immer seiner Meinung bin, versuche ich einem Schüler stets zu zeigen, dass ich verstehe, was in ihm vorgeht.«
- »Ich sage meinen Schülern bei jeder Gelegenheit, dass ich einer der besten Zuhörer bin, den sie jemals kennenlernen werden. Meine Hoffnung ist, dass sie dadurch nicht zögern, zu mir zu kommen, wenn sie jemanden brauchen, der ihnen zuhört.«
- »Egal, wie viel ich um die Ohren habe – wenn ein Schüler etwas zu mir sagt, lasse ich sofort alles stehen und liegen. Der Schüler soll wissen, dass er meine ungeteilte Aufmerksamkeit hat.«
- »Ich nicke beim Zuhören immer wieder mal, damit der Schüler sieht, dass ich bei der Sache bin.«
- »Ich stelle ab und zu Zwischenfragen, wenn ein Schüler mir etwas erzählt, damit er weiß, dass ich wirklich zuhöre und über sein Problem nachdenke.«
- »Ich beuge mich ein wenig nach vorne, ohne dem Schüler zu nahe zu kommen. So kann ich mit meiner Körpersprache ausdrücken, dass ich ganz Ohr bin.«
- »Wenn es vom Thema her passt, lächle ich viel und nicke häufig. Geht es um ein ernstes Thema, achte ich darauf, nicht schockiert oder bestürzt zu wirken. Ich versuche, mit meiner Körpersprache zu sagen, dass ich zuhöre und dass der Schüler mir wichtig ist.«

- »Ich gebe das, was der Schüler mir erzählt, oft mit eigenen Worten wieder, damit er merkt, dass ich ihm zuhöre und mir Gedanken darüber mache.«

Quintessenz

Wir kennen alle das Phänomen, dass wir jemandem von einem Problem erzählen, der gut zuhören kann – und durch das Erzählen selbst eine Lösung finden. Oft sagen wir dann zu demjenigen: »Vielen Dank für deine Hilfe!«, und der andere antwortet: »Aber ich hab doch gar nichts gemacht.« Oh doch. Er hat zugehört! Und manchmal ist das genau das, was wir brauchen: jemand, der uns zuhört. Haben Sie also immer ein offenes Ohr für Ihre Schüler!

50 Lassen Sie sich nicht aus der Fassung bringen

Denkanstoß

In Kapitel 17 ging es darum, dass Schüler niemals erfahren sollten, was die wunden Punkte eines Lehrers sind, weil sie dieses Wissen sonst für den Rest des Schuljahres nach Kräften ausnutzen. Wenn Sie herausfinden wollen, welche Lehrer ihren Schülern zeigen, was ihre wunden Punkte sind, müssen Sie nur die Ohren aufsperren: Es sind diejenigen, die ihre Schüler anschreien.

Wenn Sie in eine beliebige Schule gehen und die Schüler fragen, welche Lehrer ihre Klassen anschreien, müssen die Schüler nicht lange überlegen. Jeder Schulleiter kann Ihnen sagen, welche Lehrer an seiner Schule die Schüler anschreien. Jeder Lehrer weiß, welche seiner Kollegen dazu neigen, laut zu werden. Und viele Eltern tun alles, was in ihrer Macht steht, um zu verhindern, dass ihre Kinder im Klassenzimmer eines solchen Lehrers landen.

Wir sind überzeugt, dass alle Lehrer gute Menschen sind und dass die meisten von ihnen nach bestem Wissen und Gewissen unterrichten. Aber leider hat manchen Lehrern offenbar noch nie jemand gesagt: **Wenn ein Lehrer einen Schüler anschreit, gesteht er damit öffentlich ein, dass er seine Gefühle nicht unter Kontrolle hat.** Aber wenn Sie Ihre eigenen Gefühle nicht unter Kontrolle haben, wie können Sie dann Schülern beibringen, wie sie ihre Gefühle kontrollieren? Ein Ding der Unmöglichkeit!

Befolgen Sie jeden einzelnen Ratschlag Ihres Arztes? Nehmen Sie ausschließlich gesunde Nahrungsmittel zu sich? Treiben Sie jeden Tag ausreichend Sport? Machen Sie um Stresssituationen einen großen Bogen? Wenn Sie ehrlich sind, können Sie vermutlich keine dieser Fragen mit einem uneingeschränkten »Ja« beantworten. Stellen Sie sich vor, Sie gehen zum Arzt, um sich untersuchen zu lassen, und dieser stellt Ihnen obige Fragen. Sie geben zu, dass Sie auf dem einen oder anderen Gebiet möglicherweise etwas nachlässig sind. Daraufhin wird der Arzt wütend und fängt an, Sie anzuschreien. Wie werden Sie reagieren? Wahrscheinlich suchen Sie sich einen anderen Arzt und raten auch allen Freunden und Bekannten von ihm ab. Damit geschieht dem Arzt nur recht, denn er hat einen der schlimmsten Fehler begangen, die man machen kann: Er hat sich unprofessionell verhalten. Und das sollte man niemandem durchgehen lassen. Auch keinem Lehrer!

Eine unserer wichtigsten Aufgaben als Lehrer, darauf haben wir in diesem Buch immer wieder hingewiesen, **besteht darin, unseren Schülern ein gutes Vorbild zu sein und ihnen alle Verhaltensweisen vorzuleben, die sie eines Tages ebenfalls beherrschen sollen.** Und kein Lehrer möchte seinen Schülern ja wohl beibringen, dass es Situationen gibt, in denen es eine angemessene Reaktion ist auszurasten! Ganz im Gegenteil.

Lösungen und Strategien für Ihren Unterricht

Die Strategie, die wir Ihnen empfehlen, ist einfach, aber wir sind uns bewusst, dass sie so manchem schwerfallen dürfte. Machen Sie es wie die erfolgreichsten Lehrer: **Versprechen Sie Ihren Schülern am ersten Tag des Schuljahres, dass Sie sie für ihr Verhalten stets zur Rechenschaft ziehen werden, sie dabei aber niemals anschreien werden.** Vielmehr werden Sie die Schüler stets mit Achtung und Respekt behandeln. Und auf eines können Sie sich verlassen: Ihre Schüler werden dafür sorgen, dass Sie dieses Versprechen auch einhalten!

Mit einem solchen Versprechen erreichen Sie zweierlei: Erstens berauben Sie sich selbst der Option, Ihre Schüler anzuschreien, und zweitens geben Sie Ihren Schülern das Gefühl, bei Ihnen im Unterricht gut aufgehoben zu sein und keine Angst haben zu müssen. Und damit haben Sie eine wichtige Voraussetzung für mehr Disziplin geschaffen!

Quintessenz

Wut ist ein schlechter Ratgeber. Sie sollten sich als Lehrer in Ihrem Handeln nie von Ihrer Wut leiten lassen. Wenn Sie doch einmal wütend werden (schließlich sind Sie auch nur ein Mensch), dann zeigen Sie niemals Ihren Schülern, dass sie Sie wütend gemacht haben. Enttäuscht ja, traurig ja, aber niemals wütend.

Lassen Sie sich nicht aus der Fassung bringen!

Ausblick

Love what you do
Burn for : / Burn out

Jeder unserer Schüler ist etwas Besonderes. Jeder Schüler verdient es, dass wir im Unterricht stets unser Bestes geben. Aber es ist nicht immer leicht, tagaus, tagein sein Bestes zu geben. Wer ein guter Lehrer sein will, muss sich dieser Aufgabe mit ganzer Kraft widmen. Deshalb ist es ein Trugschluss, zu glauben, Lehrer zu sein sei keine Kunst. Nur ein ganz bestimmter Typ Mensch verdient es, sich stolz und verantwortungsbewusst als »Lehrer« zu bezeichnen. Wenn Sie zu diesen Menschen gehören, und davon sind wir überzeugt, dann nehmen Sie Ihre enorme Verantwortung niemals auf die leichte Schulter. Wir wünschen Ihnen alle Freude und Bereicherung, die dieser Beruf zu bieten hat, wir wünschen Ihren Schülern allen erdenklichen Erfolg und hoffen, Ihnen dabei geholfen zu haben, ein noch besserer Lehrer zu werden. Vergessen Sie nie: Lehrer zu sein ist der schönste und verantwortungsvollste Beruf, den es gibt!

Warum sind SIE Lehrer geworden?